U0006942

1日5分
「よい習慣」を無理なく身につける
できたことノート

辦到了
日記

1天5分鐘, 列「辦到了清單」,
聚焦累積「小成就」為成功扎根

永谷研一
Nagaya kenichi

鍾嘉惠———譯

一起寫「辦到了日記」，
實踐美好人生

我是「改變人們行為」的專家。

過去十年來，我透過以企業為主的進修講座，成功將大約一萬二千名的學員，改變成「具有行動力的人」。在那些試圖踏出第一步的人背後，使勁地推一把。

近來，除了企業之外，也有不少來自高中和大學的邀約，感覺得出教育現場也對培育「具有行動力的人」、「敢於踏出一步的人」愈來愈重視。

我的進修講座不只有現場訓練，進修結束後還利用IT系統，協助學員進一步實踐，觀察並記錄學員的「實踐狀況」。拜此之賜，這十年間，哪些人經由實踐而逐漸改變、哪些人始終無法改變，透過數據便昭然若揭。

我在那當中清楚體會到「小改變」是多麼重要。**只要**

察覺自己一點點「好的變化」，就會帶動戲劇性的轉變。
而且，這種傾向逐漸清楚地呈現在我眼前。

我是幫助人們「改變行為」以達成目標的專家，但看到有人大聲疾呼「要懷抱夢想」、「拿出幹勁來」，其實讓我覺得有點累。有時甚至想吐槽對方：「難道沒有夢想就不行嗎？」

我看到「幹勁十足」的人，反而會感到不安。因為這種「幹勁」，基本上都不會持久。

看數據就會發現，目標過高或想做的事太多的人，十有八九會中途受挫，想必是一直在揮空拳吧。能夠堅持下去的人，反倒是那些淡漠地身體力行一些簡單小事的人。

從審視「完成的事」開始

在公司任職的人，有時不得不承擔類似「業績一千萬」這樣的目標。但在日常生活中，沒有目標也能過日子。

包括我在內的絕大多數人，就算渴望成功，但不表示一定要飛黃騰達。現實生活中，像那樣汲汲營營的人只是

少數。

　　即使是如此平凡的我們，對繼續維持現狀多少會有些
不安。畢竟所有人都希望過更好的生活。「要是自己能更
好一點的話……」想必不少人都隱約懷抱著這種心情。

　　另一方面，也可以看到許多人總覺得沒自信，不敢採
取行動。在我看來，這種人明明擁有諸多能力，卻動不動
就說「我不行」。

　　不過請放心，即使是這樣的人，也會因為審視自己
「完成」的一點小事，而產生巨大轉變。本書就是要將這
種方法，傳授給各位讀者。

　　舉個例子，有位小腹微凸、對自己的體重感到在意的
Y先生，他親身實踐了本書所介紹的方法。

　　有一天，Y先生走進首次光顧的店裡用餐，看到牆上
貼了一張寫著「加飯免費」的紙條。Y先生心想：「哦，肚
子好餓，Lucky！」就在他打算再來一碗時，聽見心裡有
個聲音說：

「我是不是因為吃太多，才會小腹微凸⋯⋯。今天就忍一忍吧。」

平時在這種餐廳裡吃飯，Y先生總會要求「再來一碗」，吃到飽足才願意離開，但這天他沒有這麼做。

這只是微不足道的「小成就」，但你相信嗎？就是這件小事，讓Y先生的日常生活起了巨大變化。

也許你會覺得：「這種無聊的事，對人生不會有半點影響吧？」

我後來看了Y先生的日記，發現他回顧那天發生的事情時，寫下這樣的心情：

今天我忍住沒再多添一碗飯。大概是因為對小腹很在意吧，更何況最近就要健康檢查了，不稍微減一些體重可不妙。

話說回來，最近怎麼會發胖呢？如果平常不運動，只靠減少飯量可能不夠。G一直邀我參加市民馬拉松大賽，原本打算拒絕的，要不要參加看看呢？一開始就長跑，一

定會受傷，明天起，先從早上拉筋十分鐘開始吧！

　　事實上，Y先生從拉筋做起，接著開始晨跑，不斷勤奮地練習，一個月後首次參加了市民馬拉松大賽。對於這樣的轉變，各位覺得如何呢？

　　Y先生並沒有明確的目標，也不曾有過「以節食的方式瘦五公斤」之類的念頭。他只是偶然間在意起自己的小腹，「改掉再來一碗的習慣」罷了。

　　不過，他仔細回顧了這個「小成就」，沒有忽略它，才能不費力地進入到下一步「利用運動來減肥」。

　　順帶告訴各位，Y先生三個月後訂做了一套西裝。他不但小腹不見了，更變成連過去的自己都羨慕、修長又帥氣的好身材。

　　據說公司的同事和客戶也紛紛向他反應：「最近感覺不太一樣」、「變得神清氣爽」。而且，Y先生也更積極投入工作（其實，他之所以總是充滿活力，還有其他原因。詳情請見第四章）。

微小的「好習慣」就能帶來巨大轉變

就這樣，「戒掉再來一碗」的小改變，最後甚至影響Y先生的工作態度。所以，我用「蛻變」來形容Y先生。

他並非一開始就猛呼口號、鼓足幹勁或拚命力爭上游，而是「一回神已然蛻變」的感覺。簡單說就是，Y先生內在原本具有的良好特質，受到啟發並淬鍊了。

說到「蛻變」，相信不少人還記得小學時，在自然課學過的「昆蟲變態過程」吧。

比如鳳蝶。從幼蟲、結蛹到破蛹而出，成為美麗的蝴蝶。牠在蛹中長出大大的翅膀，然後慢慢突破蛹殼，張翅飛起。那誠然是「蛻變」的寫照。

一點點不同的行動，養成「好習慣」後，就會產生小小的改變。改變雖然微小，卻非常重要。此外，不需要將這些行動區分「公」或「私」，這是為什麼呢？

因為有時一些小習慣的改變，就會對工作態度帶來影響，如同Y先生「戒掉再來一碗」那樣。不論工作或日常生活，「蛻變」的本質是相同的。因此，對「想在工作上

做出一番成績」的人，以及「想過更美好生活」的人來說，本書具有同樣的效果。

行為上的小改變並非難事。

不過，必須要有時間和方法，才能察覺那些能觸發改變的小行動。怎麼說呢？因為基本上現代人都太忙了，很難撥空審視自身。

本書將深入淺出地為各位解說，每天五分鐘即能「引發自我改變」的方法。使用的主要工具——「辦到了日記」，是用來發現每天的「小成就」，藉由審視它，確實引發改變的實用工具。

這套方法是一項「技術」，學會了之後，任何人都能輕易辦到。而且一旦察覺，就會產生巨大轉變，最後回饋到自己身上。

我根據十年來所累積的數據，以及對認知心理學等領域的見解，建立這套方法的知識基礎，同時，省去較為複雜的理論，以**「任何人都能輕易開始並持續下去」**為第一考量，寫成這本書。

　　只要持續記錄，心中真正的渴望和珍視的事物（價值觀）都會逐漸清晰起來。藉由這種方式慢慢喜歡上自己，進而發覺「原來我是這樣的人」，重新發現自己。

　　探索自己尚未發覺的可能性，「辦到了日記」正是這樣的工具。

　　來，放輕鬆，我們一起開始吧！

第1章 「正面」看待自己吧！

找出「完成的事」的好工具

 情緒與思考的力量

第4章 來寫「辦到了日記」吧！

第5章 為進一步升級做準備

「辦到了日記」使用方法

「辦到了日記」分為兩個部分。

首先是「完成事項」的部分，回顧當天的經過，逐一記下完成的事。然後每週一次，從中挑選一件「完成的事」，寫下自己的省思，這是「內省文」的部分。書寫內省文時，要掌握四項要點。

辦到了日記			
7/11 (一)	• 介紹朋友認識，因此得到對方的感謝	7/14 (四)	• 在車站改走樓梯，沒搭電梯 • 把書桌收拾整齊了 • 整理電腦內的檔案夾
7/12 (二)	• 忍住沒再多吃一碗飯 • 認真傾聽對方說話，結果被請了一頓午餐	7/15 (五)	• 請到特休假，得以悠閒一下
7/13 (三)	• 比平常多吃了一些蔬菜	7/16 (六)	• 和小孩在公園踢足球，玩了一整天 • 每餐飯後刷牙，持續了一個月

$\frac{7}{17}$（日）　選出一件完成的事：忍住沒再多吃一碗飯

內省文

① **事實詳情：具體發生了什麼事？**

七月十二日午餐時間，和同事T一起走進「滿腹食堂」，我沒有屈服於「免費加飯」的誘惑，忍住沒再多來一碗。

② **分析原因：為什麼能做到？**

因為最近感覺腰帶很緊，開始在意起腰圍。又一直擔心近期要健康檢查了。八成是因為這一陣子都沒運動，才會發胖吧。

③ **內心感受：此刻有何實際感受？**

很高興可以忍住沒多吃一碗飯。原來只要有心，我也做得到！不過，光是減少飯量可能沒辦法真的瘦下來。看來還是得減些體重才行，否則不妙。我可不敢就這樣去做健康檢查。

④ **下一步行動：明天起要做什麼改變？**

G之前邀請我一起參加市民馬拉松大賽，不然來挑戰看看好了。突然就跑馬拉松一定會受傷，從明天開始，每天早上拉筋十分鐘吧！

使用時的大致流程

1. **每天記錄一到三件當天「完成的事」**（→頁四十七）

2. **一週一次，從每天的「辦到了日記」中選出一件事，撰寫內含四項要點的「內省文」**（→頁一一二）

　①事實詳情：更具體地寫出發生了什麼事，以及詳細情況。

　②分析原因：探究「完成」的理由。藉由反覆追問「為什麼」，自然而然地深化思考。

　③內心感受：坦白描述對完成那件事的心情，以及分析原因後的感想。

　④下一步行動：分析原因也梳理內心真正的感受後，思考下一步怎麼做會比較好、下次要嘗試改用何種方法，然後具體寫出明天之後要做怎樣的改變。

3. **將目前想到能做的改變付諸實行**

「正面」看待自己吧！

第1章

📖 你的思考模式屬於哪一類？

　　各位讀者平常在想事情時，都是如何思考呢？

　　如果將思考模式簡單地分類，可概略分為兩種：「正面思考」和「負面思考」。

　　那麼，什麼是「負面思考」？比方說否定句式的思考，如：

・他都不肯幫我
・他都不了解我
・薪水好少

　　這種思考模式經常被稱為「減法思考」。

　　只要我們一直注意「負面的部分」，就會感到不安。所謂「負面的部分」，其實就是「不足和欠缺的部分」。陷入這種思考方式的話，心裡就會愈來愈焦慮，內心充斥負面形象，於是身體逐漸「失去動能」。

簡單來說，就是變成一個沒有行動力的人。

另一方面，「正面思考」則是會讓心情變得輕鬆愉快的思考方法，又稱為「加法思考」。

- 他很看好我，把工作都交給我
- 有人願意聽我說話
- 獲得的報酬與成果相稱

即使情況完全相同，但像上述這樣換個方式解讀，就會轉變成「正面思考」。

一旦持續用這種方式思考，自己的內在就能建立起正面形象，並產生自信。讓自己變得充滿生氣、表現活躍。事實上，有行動力的人基本上都是「正面思考」的人。

具有「負面思考」並不是你的錯

問題是，人很容易下意識地陷入「負面思考」。

部分原因是人類大腦的特性就是如此，實在很難避

免。尤其是，從小身邊的人就一直用考試之類的方式，為我們打分數，因此，我們老是注意自己「欠缺與不足的部分」，這樣的習慣就此根深柢固。

從這個角度來看，陷入「負面思考」其實是很自然，而且無可奈何的事。因此，完全不需要因為自己具有「負面思考」而感到自責。

注意自己欠缺的部分， 其實是人的習性

　　陷入「負面思考」這件事，對人們來說其實非常自然，請各位讀者也一起實際感受看看吧。

　　下面有兩個圓圈。請試著想一想，你的視線最先會看向什麼地方？

你會在意圖片的哪個地方呢？

大多數人的視線，應該都會看向右邊那個圓圈的「缺口」。相反地，會先看向左邊的圓圈，並且覺得它「最棒」的人相當稀有。

無論如何，大家就是會在意「不足」和「欠缺」的部分，這就是人的特性。

以腦科學的觀點來看也是如此，大腦中名為「視覺皮層」的區域會處理視覺信息，讓人「試圖將欠缺的部分補起來」，所以自然而然會開始注意缺口。

而且這種習性不只出現在前述例子中，很遺憾地，我們看待他人也是如此，總會注意到別人「缺少的部分」，也就是缺點。

心理學的研究已證實，人們會用成見看待眼前的對象，這稱為「觀察者效應」。

也就是說，我們老是在意對方的缺點其實情有可原。對一個人的期待有多高，就多麼在意他的「缺點」，而不容易發覺到好的一面。

比方說，我們通常以為做事慢條斯理的人一定「頭腦

遲鈍」，卻不會認為他「做事好細心」，這就是只看「缺點」不看「優點」的證據。

問題是，我們並非只是對別人抱持這種看法。事實上，我們也用同樣的方式審視自己，只看見自己不足和欠缺的部分，而不去看優點。

所以，大多數人老是在意自己的缺點。像是：因為我個子矮、因為我頭腦不好、因為我運氣差……。

不過，真的是這樣嗎？自己真的一無是處嗎？

「遺憾視角」是從小養成的

我們擁有「看缺點、不看優點」的特性，不過，這個特性是從小學開始，不斷被「訓練」與「強化」所造成。

沒有小孩的讀者，請試著想像自己為人父、為人母的情形吧。當小學一年級的孩子把考九十分的國語考卷帶回家，這時各位會對小孩說什麼話呢？

「你很用功呢，還差一點就滿分了。」

我相信幾乎所有朋友都會這麼說。各位知道其中有什麼問題嗎？請試著思考一下。

正如「還差一點」這幾個字所傳達的意思，說出這句話的問題在於，我們關注的焦點是「沒拿到的那十分」。不去注意做得好的百分之九十，只看到做不好的少數百分之十。

更遑論如果只考三十分的話，更是如此。這時父母就

會對小孩說：「你要再用功一點！老師上課有沒有在聽？」出於對孩子的擔心，導致父母很難去肯定小孩「好厲害，拿到三十分」的部分。

孩子們在幼稚園和托兒所裡，基本上無論做什麼都會得到「○」。例如，學習「泥巴球的正確製作方法」之類的事，並不會有人批評「你做的泥巴球六十分」。自然而然就學會唱歌，學會打鼓，學會爬桿……，因為全是「○」，想必「學習」會變得十分有趣。

然而，上了小學後情況逐漸改變。當孩子看到考卷上被畫了一堆「○」，興高采烈地拿回家，沒想到反而被爸媽念「連這種地方都會錯！」還開始被拿來和兄姊或朋友比較，像是「哥哥以前每次都考一百分」……。

「學習」原本應該是快樂的，可是進入學校後，在分數排名之下，自己的缺點開始受到指責，結果讓人變得愈來愈被動。

這種情況持續下去，久而久之，我們便無意識地想保

護自己，避免讓自己受傷。於是，學會辯白「我沒學過這個」，或者計算出了一點差錯，就推託「我本來就不太會算術」。

這些全是用來避免自己受傷的話語，真是令人心疼，對吧？

避免成為「找缺點的專家」

像這樣，從小被批評到大，任何人都會不知不覺地變成只看負面之處。因為只要考不到滿分，自己不夠好的部分就會受到指責，當然自然會變成這樣。

這種情況不只發生在小孩的考試上。各位在日常生活和工作中，是否也有過老是被人提醒「什麼事沒做到」的經驗？

在家被念「你的房間老是這麼髒亂，怎麼都不打掃？」或者，在公司挨罵「又訂錯貨？一定是你沒確認！以後小心點！」等。

一旦人們不斷被指出缺點，久而久之，就會變成只關

注自己的失敗。總而言之，我們一直身處在容易養成負面思考的環境中。

我們大家都被訓練成只看自己欠缺的部分，都是「找缺點的專家」。

有位老師以擅長提高學生的「幹勁」聞名，據說他都是誇獎學生做得好的部分，哪怕學生考試抱鴨蛋。

可是，如果考零分要怎麼誇獎呢？

比方說，如果答案卷上有用橡皮擦擦拭的痕跡，他就會說：「你努力計算過很多遍了呢。」意思是，**只要試圖找出「完成（辦到了）的部分」而不是缺點，就會找到值得誇獎之處。**

「檢討」只會讓成長停止？

不論企業或學校都經常開「檢討會」，已經習慣要找出缺點的我們，難怪非常喜歡檢討會。不過，我很反對這種檢討會。為什麼呢？因為人一旦被要求「檢討」，就只想應付了事，沒辦法毫無保留地說出自己真正的心情，結果便是文過飾非。

當事人表面上裝出一副完全理解的樣子，周圍的人也以為他「應該懂了」，但很可能這些都只是表面作作樣子。

日文辭典裡對「檢討」一詞的解釋如下：

· 承認自己的缺點，並意圖改正

換句話說，檢討就是要去注意自己較為負向的一面，也就是凝視自己「沒出息的部分」的痛苦行為。結果往往會說出「我做了○○，絕對不會再犯，對不起。」這種「面向他者」的語言。也就是說，凝視的只是「表面的部分」，開口說「對不起」也只是形式而已。

　　孩子做壞事時，父母偶爾會逼問孩子：「你不會再這麼做了，是吧？要說『是』……」這種時候強迫孩子回答「是」，就是表面的承諾。

　　父母強迫孩子答應而感到滿足，但孩子本身並沒有認真面對自己，所以淪為「只要回答『是』就行了」這種一時的反應。

　　以工作場合而言，也會出現同樣的情形。比方說，當你提出一份數值有誤的報告書，最後以道歉了事：「之前提出的報告書有誤，我以後會很小心，絕對不會再犯同樣的錯誤！」

　　可是，像這類的反省究竟能改變什麼？

　　反省最重要的就是「正視自己內心的真實想法」，可是上述例子卻完全漏掉了。真正重要的是坦誠面對自己，不需要文過飾非。我們稱之為「內省」。

　　一如字面上的意思，內省指的就是「反省內心」。深入回顧自己的行為和想法，由自己來觀察自己，又稱為「自我觀察」。

以「內省」找出真正的解決之道

內省是與自己內心的對話。對於「交出一份錯誤的報告書」這件事，透過內省，思考「為什麼會變成這樣」，就能挖掘出真正的原因。

　‧因為截止時間快到了，心裡太著急
　‧當時的狀況下，不方便找人商量

我們很容易一開始就找到這類簡單的理由。然後，需要再進一步對自己坦白，漸漸向內心深處探究，就能看清楚根本的原因。

「可是，為什麼不方便找人商量？」
「因為答應要在時間內完成，不好意思事後才說『做不到』，於是逞強耍酷。」
「早知道就別耍酷，早點向人求助。」

如果能挖出這些內在真正的想法就太好了，如此便能靠自己的力量，想出各種解決之道，並且運用到下一次。

譬如：

「應該和對方討論，請他延後截止時間。」
「至少應該找前輩商量。」

為什麼可以發揮這種效用呢？

因為內省會讓人學會自我覺察，知道下一次該怎麼做。所以，從今天起別再一味檢討了。

檢討只會看著自己「過去的失敗」，但**我們需要的是審視「真正的心情」的內省。**

歸納上述，我的結論是：

‧ **檢討是「面對他人、掩飾缺失的思維」**
‧ **內省是「坦誠面對自己的真正想法的思維」**

不過，「只要內省就好」說來容易，人就是很難「坦率地依自己的真心思考」。理由是，人的內心深處有一道「門」。稍後我會詳細說明這道門是什麼。

「辯解」會讓自我形象下跌

　　我長年在各個企業和學校，從事人才培育工作，教導人「養成朝目標採取行動的習慣」。在那當中，我看到許多付諸行動者和沒有行動的人之間的差異。

　　來參加我的進修課的學員，需要擬定行動計畫，不過，並非擬好計畫就沒事了。

　　如果是企業的研習，每位學員在研習結束、返回職場後，都要使用我設計的IT系統，記錄他們「是否做到計畫好的行動」，以及「關於行動的省思」。結果每個人都累積了大量的數據。

　　我會從各種角度分析這些數據。

　　比方說，我慢慢了解到「不採取行動的人會做怎樣的解釋」。各位覺得這些人會如何辯解呢？請試著思考一下。

　　不採取行動的人之辯解〔前三名〕：

・我很忙

・沒時間

・沒做好計畫

　　各位覺得如何？有沒有想到什麼事呢？平日經常使用這類話語的讀者們可要留意了，因為那表示你平時不深入探究無法行動的原因，只做不痛不癢的表面性思考。

　　再說，當你想到藉口並脫口而出時，自己也會聽到那些話語。由於「腦袋想一遍」，再加上「耳朵聽一遍」，這「做不到」的負面自我形象（self-image）會被固定下來。

　　換句話說，**持續辯解的話，自我形象便會一直往下跌**。這麼一來，就愈來愈擺脫不了凡事都立刻認為自己「做不到」的思考習慣。

　　各位也許覺得「這種事我當然知道」。但知道歸知道，人還是會找藉口，究竟是為什麼呢？

　　讓我們一起來看看，人會找藉口的原因吧。

人們愛找藉口的背後思維

事實上，人們會找這類藉口，全是因為先入為主的看法所導致。

只是一味認定自己「很忙」，沒有排好優先次序；只是一味認定自己「沒時間」，而未撥空處理；只是一味認定「計畫沒做好」，說不定只需要調整一下計畫就好。

問題在於，人們對於自己陷入這樣的思維始終不自知。所以才會一再找藉口，試圖合理化「做不到的自己」。

那麼，為何會想合理化自己的行為呢？

其實是為了阻隔「自己真正的感受」，那正是下一節我要談的「內心深處的門」。我們每個人心裡必定都有這一道門，而真正的感受就隱藏在那道門的裡面。

📖 每個人都有一道隱藏內心感受的「門」

　　人們在剛出生時，對自己並沒有任何先入為主的看法或判定，一般來說，不會有所謂「沒幹勁的嬰兒」，對吧？基本上，應該也沒有「不天真的小孩」吧。每個人一開始必定都充滿創造性和好奇心，隨心所欲地嘗試各式各樣的事物，每天都歡欣雀躍。

　　然而，隨著年齡增長，人們不得不順應社會，漸漸不能再「天真無邪地暴露心底話」。況且，也有可能遇到當自己鼓起勇氣行動，反而得到慘痛教訓的經驗。因為有過這樣的經驗，我們慢慢學會妥善拿捏自己的「真心話和場面話」，從中練就「聰明的生存之道」。

　　不過，懂得「社會化」的同時，人們也漸漸學會埋藏內心可貴的真實情感，並且認定自己就是「應該要這樣」。

　　因此，我才會說，其實每個人心中都有一道「門」。

為了生存，我們將「純粹的心」關上門，只用「外人看見的自己」（見圖片三角形上半部）的態度來生活。

藉口正是由此而生。因為一旦不小心暴露了「真心」，自己可能會受傷。

比方說，當你嘴裡辯稱「因為沒時間，所以才沒完成」，其實「純粹的心」正吶喊著：

「其實我一直因為工作進展不順而苦惱，但是沒人可以商量！」

可是，你不會把它說出口。因為如果承認「找不到可以商量的人」，最受傷的是自己。

因此，基於「我不會示弱」、「我必須維持強者形象」

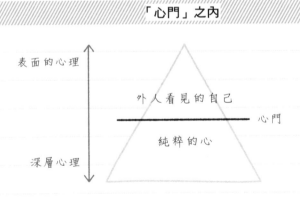

「心門」之內

表面的心理
外人看見的自己
心門
純粹的心
深層心理

的信念，便選擇「關上心門」，阻絕了與自己易受傷的心的對話。

容易找藉口的人，內心深處多半藏有自己不想正視的煩惱。 如果能卸下心防當然最好，但實際上，絕大多數的人都緊閉著心門度過每一天，將自己真實的想法和感受隱藏起來。

即使想要戒掉，也十分困難，因為那是為了避免傷害自己「純粹的心」，無意識中採取的「自我防衛的本能」。很多時候，其實連本人都沒有意識到自己正在找藉口。

所以，才會出現「真的是沒時間啊。我一直在心裡想著明天要做⋯⋯」、「上面的人指導無方，所以才會沒做好計畫，那不是我的錯」等，想了一個又一個的藉口，而且自以為那不是藉口。

「純粹的心」容易受傷，所以關上門才能讓人感到安全，那道門可以保護柔弱的心靈。然而，也正是那道門一直阻擋自己「往好的方向改變」。

📖 「自我肯定」才能打開心門

　　任何人都會因為自己深信不疑的想法而產生「心門」。我們每天將自以為的樣貌表露在外，而沒有察覺自己「純粹的心」。

　　人們透過家庭和社會生活，扮演各式各樣的角色；在家是位慈祥的父親，在公司是個可靠的領導者，並有著與角色相應的性格。

　　在心理學上，稱此為「人格面具（角色性格、偽裝的人格）」，會對自己的思維造成影響。諷刺的是，人們會因為「想認真演好自己的角色」，而在心裡建造這道門。

　　當然，擁有人格面具並非全是壞事。在公司扮演「值得信賴的領導者」，當個遇到問題不會逃避、責任感強烈的上司。週末扮演「慈祥的父親」，變成陪孩子一起玩耍、精力充沛的爸爸。就因為認定「我就是這樣的人」，才能在人生中扮演各種角色。

　　問題是，由於「認定」所產生的心理防衛，成了停止思考的原因。如果不進一步深思細想，不提心底話、只粉飾外表，久而久之，整個思維就會變成像「作文」那般四面討好。

　　「怎麼做才能打開心門」即是關鍵。只要打開心門，就可以碰觸到藏在門內的純粹心靈，因而能夠與自己的內心展開對話。

　　其實，要打開那道心門是有方法的。

　　那就是「**製造高度肯定自己的狀態**」。所謂高度自我肯定的狀態，意思就是自我讚賞，覺得「自己是個重要、有價值的人」的狀態。

　　提高自我肯定感，就能接納自己本來的面目，其中包含缺點在內，然後漸漸就能打開心門。總而言之，就是能對自己誠實。

　　一旦打開心門，巧妙地探究自己真正的感受，以後採取任何行動時，就能客觀地接受可能的風險，連不順利的情況也包含在內，變得能夠正向思考：

「就算失敗，我也絕對能扳回來。」

「萬一有什麼損傷，也總有辦法解決。」

比方說，工作遇到阻礙時，一直想著「這工作可不能失敗，真討厭」只會徒增痛苦。可是，若能換個角度想「這工作如果成功，會有如此多的好處」，就會因此興奮起來，並有勇氣面對困難。

我身為行為專家，特別在意自我肯定的理由即在此。

總而言之，**高度自我肯定的人就是「有行動力的人」**。

如果一直不改變行動，那麼一切都不會有進展。

開始關注「完成的事」吧！

我想各位應該明白了，人要在正面看待自己的狀態中，才能打開阻礙成長的「心門」。

接下來必須思考的是「怎麼做才能營造高度自我肯定的狀態」。

其實，任何人都可以輕易營造出這種狀態，我建議有益的做法是：

· 關注每天「完成」的具體事項

「辯解」是一直在看自己「沒完成的部分」，所以不妨說它是一種「凝視自己缺點的思考」。因為我們通常不會為已完成的部分找理由，是吧？

因此，**要把注意的焦點從「沒完成的部分」轉移到「完成的部分」**。為了避免陷入辯解式的思考，需要從最初的「引子」開始改起。

要求人們「不檢討」或「不辯解」，相當容易流於唯心論。可是，如果只看「完成的部分」，就完全不需檢討和辯解了。

　　也許有人會說：「哪有這麼多完成的事。」不過，其實我們每天一定都能找到一、兩件「完成」的小事。

　　關注「完成的事」的意思是：要確認微小的成功經驗。這麼一來，就會真切感受到每天都在累積一些「完成的事」；發覺自己「其實經歷過許多成功」，進而相信「自己也滿厲害的」。

　　像這樣養成習慣，把目光放在「完成的事」後，自我形象就會逐漸提升。

「完成的小事」比你想得重要

如果每天都能感受到自己的成功，便能慢慢地學會正面看待自己。然後，就可以打開心門，開始與自己的真實感受對話。

所謂「完成的事」，並不是單指「讓專案成功」或「通過考試」這類大事。我反倒比較喜歡日常「完成的小事」，因為**促使自己產生巨大轉變的種子，就埋藏在那些日常小事之中。**

「把書桌整理乾淨，真舒爽！」
「第一次自己搞定印表機。」
「今天提早十分鐘到公司，才能冷靜地展開工作。」
「分糖果給大家吃，大家都向我道謝。」

發覺這樣的「小事」比什麼都重要，這些日復一日的「小成就」，正是改變自己的關鍵。

不必想得太嚴肅，也不要有「一定要獲得別人的高度評價，才算是『完成』」之類的想法。即使只是一些日常小事，也無所謂。

　　研習時，常有學員說：「我這個人一事無成。」可是，當我在聽對方述說的過程中，常常發現他明明「完成」了一堆事。

　　人們一旦過度謙虛，或許就不會注意到自己做了多少事情。

　　相信自己，其實你已經「完成」很多事了。

📖 「完成」和「做完」的差別

　　本節要幫助各位讀者先確認一件事，那就是「完成」和「做完」是兩碼子事。「完成」意謂著「做得比以前更好」，而「做完」只是「和往常一樣」。

　　比方說，吃完晚飯就是「做完」，但如果是經過仔細咀嚼而吃完晚飯，那就是「完成」了。

　　只是「做完」的話，就會變成今天做了這件事、做了那件事……，只是單純列出「做過的事」罷了。而且，這樣是不可能找到引發自己改變的契機。

　　做得比以前更好的事，乃是依自己的標準評斷，所以有可能找到其他人沒注意到的小事，不過這也無妨。

什麼是「完成的事」？

　　乍看感覺只是「做完」的事，但發生在不同人身上，有時卻可以算是「完成」，而且這種情況意外的多。

比方說，預約拜訪客戶這件事，如果是站在銷售第一線的能幹業務員，這乃是日常業務，所以對他們來說，只能算是「做完」一件工作。

不過，要是「進公司後第一次約到客戶」、「和十分難約的A公司部長說好要碰面」，或者「比上個月多約到三位客戶」，那可就不同了。這些全是做得比以前好的「完成的事」。

所以，同樣是「預約拜訪客戶」，在不同的情況或者不同的人身上，它有可能會是「做完」，或者也可能屬於「完成」。

請各位讀者想想，「第一次約到客戶」是否屬於完成的事？只要朝著這個脈絡思考，如此一來，就知道哪些事值得記下來了。

而且尋找「完成的事」，等於是在挖掘自己內在潛藏的「能量泉源」。

以下提供一個案例。

T先生不擅長在人前說話，但是自從升上部門主管

後，需要發言的機會增多，這成了他煩惱的根源。然而，為了尋找「完成的事」，他開始每天記下覺得自己發言還不錯的地方，並進行觀察，因此大大改變了對自己的看法。

「現在說話的聲音比以前大了」、「今天引起了一點笑聲」、「前面的人聽完後一直點頭」等，逐漸在筆記本上累積這些細微小事。據說不久後，他便開始覺得自己的發言「滿不錯的」。長久以來對公開發言的恐懼，也漸漸變輕微了。

只是持續記下細微的改變，就能察覺到自己有些許的進步，就像T先生這樣。

關於記錄的方法

在一天的尾聲，用幾分鐘的時間回顧當天發生的事，記錄下三件「完成的事」吧。

可以寫在手冊上，或是利用智慧型手機的筆記功能。如果實在想不出三件事，那麼一件也沒關係。

然後，在睡前大聲朗讀出來，接著說完以下這句話後再就寢。

「我今天表現得很好，明天會更好。」

也許聽起來很愚蠢，感覺像是騙小孩一樣，但絕對沒這回事。從大腦科學的面向來看，這也是正確的做法。

事實上，當我們轉為正向思考，腦中會分泌一種叫做促甲狀腺激素的荷爾蒙。一旦這種荷爾蒙增加，挑戰的意志便會旺盛起來。也可以說，自己賞識自己「完成的事」，即是在增加「開拓自己未來的荷爾蒙」。

此外，實際念出聲音，透過聽覺也比較容易進行自我暗示。透過自我暗示，會讓大腦慢慢對此深信不疑。

「我們不是因為快樂而笑，而是當我們露出微笑，大腦就會感覺到快樂。」許多讀者應該都聽過這句話。

一般常說：「持續使用正向語言的人，便能如願過著自己想要的人生。」這並不是淺薄的唯心論，它在科學上

已被承認具有一定的根據。

　　反之，如果老是使用負面語言的話，大腦也會受到負面思考的自我暗示影響。導致行動受到壓制，最後漸漸無法動彈。明明原本不是「無能的人」，卻因此真的成了這種人。

　　所以，即使今天打了一整天的硬仗，就寢時依然要說這句話：「我今天表現得很好，明天會更好。」養成對自己施加正向暗示的習慣。

column 1 不努力自然會成功

　　當我們在尋找「做得比以前好的事」時，不需要努力，也不需要毅力。我想各位也感覺得到，「努力提升自我肯定感」這句話本身的弔詭之處。

　　無須「努力提升自我肯定感」，而是要注意一個一個的「小事件」，譬如：

　　・比平時提早十分鐘完成工作
　　・多約到三位客戶

　　因為發掘到這類「小成就」，逐漸累積起來後，自我肯定感當然就會上揚。

　　況且，所謂的「毅力」本來就很難長久持續。就像開熱水器那樣，瞬間把火點燃，可是，只要狀況有所改變，火一下子就會熄滅。

　　因此，我只要看到專案成員中有人幹勁十足，就會非

常擔心。因為在這一類人當中，有些成員會因為每天拚到很晚，中途搞壞身子，或者心理出了問題；也有人過度逞強，被壓力擊垮。

讀者們若能藉由本書，學會把目光放在自己「完成的事」上，即使不用特別努力，也會自然而然地提升自我肯定感。

所以，我反而要請各位不要努力。

如果說真的有需要努力的事，那麼唯有一樣，也就是「不要努力」，如此而已。

找出「完成的事」的好工具

第2章

尋找「完成的事」的 高明方法

　　終於要開始尋找「完成的事」了。其實，尋找自己完成的事很簡單，而且十分有趣。怎麼說呢？

　　因為在過程中，你會發現許多自己的優點和令人慶幸的地方。一開始要「尋找完成的事」時，有些人會不知道該怎麼辦才好，不過習慣之後就簡單多了。此時，就要使用「眼鏡」和「鏡片」這兩樣發現自己的工具，以方便找到「完成的事」。

　　請參照右頁的表格。表格上依照「想尋找何種變化」區分，總共會有三副眼鏡：

　　・能看出「情緒」變化的快樂眼鏡
　　・能看出「數字」變化的數字眼鏡
　　・能看出「人的反應」的人的眼鏡

　　而且，每副眼鏡因為「觀看的角度」不同，各自有三種鏡片。只要像這樣整理並審視自己做過的事，任何人都能輕易找到自己「做得比以前好的地方」。

三種「眼鏡」和「鏡片」

眼鏡	種類 （想尋找何種變化）	鏡片 （用何種角度觀看）
快樂	「情緒」 好心情	①暢快　②興奮 ③生氣勃勃
數字	「數字」 數字上升	①時間　②數值　③習慣化
人	「人的反應」 正面反應	①感謝　②表情　③行動

　　那麼，接下來，我將一一說明各種眼鏡和鏡片的使用方法。

發現好心情的「快樂眼鏡」

尋找日常生活中「愉快」的情緒變化，就算只是細微小事也無妨。回想一天當中，是不是因為情緒微微上揚而感到心情愉快。

為了方便尋找，現在要為「快樂眼鏡」裝上三種鏡片：即「暢快」、「興奮」、「生氣勃勃」三種鏡片。以下我將依序說明。

「暢快」鏡片的效果

尋找今天整日當中，有沒有感到「暢快」的時刻。簡單來說，人們看到單純的狀態，心情就會好起來，例如：

- ·把書桌收拾乾淨
- ·處理完堆積的雜務
- ·解決顧客的投訴事件

以上三件事，相信都令人感到「暢快」，對吧？

像這樣實際執行（收拾、處理雜務、解決）後，連自己的心情都會被帶動起來，「暢快」的效果，可以說是不容小覷。

心情暢快就能踏出下一步，所以「暢快」就等於發出同意前進到下一步的信號。

「終結長期拖延不處理的事」或「麻煩的事解決了」等，大家一起來尋找這類「令人暢快」的時刻吧！

〔尋找完成的事①〕

戴上「快樂眼鏡＋暢快鏡片」，回顧一天的經過。請回想今天一整天，讓你感到「心情暢快」的時刻，並且寫下來。

- _____
- _____
- _____

想到什麼了嗎？例如，你也許會發現以下這類事情：

· 電腦裡的檔案夾整理好了
· 寫完一冊英語單字習題
· 消除程式漏洞

把東西收拾整齊、結束一件事、麻煩的事沒了……。一天之中，如果有這樣「暢快」的時刻，就可以視為「完成的事」，並且把目光放在那件事情上。說不定有人會把「與男朋友徹底分手」這種事，列入完成事項呢。

「興奮」鏡片的效果

接著要裝入「快樂眼鏡」的，是「興奮」鏡片。請大家尋找一天當中覺得快樂、情緒高昂的時刻。

即使是很小的事也沒關係，是不是有想要歡呼「成功了！」的時刻呢？

· 電話應答得體

　　‧見到想見的人

　　‧順利寫完報告

　　不見得一定要受到周圍的人所讚賞，只要是自己覺得「做得比以前好」、「很幸運」、「盡力了」的事都可以。

　　此外，以前拚命也做不到的事，而現在做到了，譬如：「總算做出能說服人的估價」、「順利完成不擅長的簡報」之類的事，這時肯定會感到非常「興奮」，畢竟是克服了自己的弱點，才「完成」啊。

　　「興奮」鏡片正是用來尋找一天中令人振奮的時刻。

〔尋找完成的事②〕

　　戴上「快樂眼鏡＋興奮鏡片」，回顧一天的經過。請回想今天一整天，感到「興奮」的時刻。

‧_____

‧_____

‧_____

今天有什麼令人覺得興奮的事呢？比如，也許有人會舉出下列事情：

- ·只計算一次，家庭收支簿的數字就吻合了
- ·能比往常多說幾句英語會話
- ·新專案順利啟動

一天當中讓人覺得興奮的事情裡，暗藏著能量。經過「興奮」鏡片的回顧，就會發覺自己擁有某些能量。讓我們珍惜那細微的能量變化。

甚至也有人因此發覺，原來自己對某人心懷愛慕，像是「和那個人說話時，心臟好像會噗通噗通跳！」別害羞，認真面對這樣的悸動，久而久之，就會愈來愈正向地看待自己。

「生氣勃勃」鏡片的效果

每天過著健康的生活就會有好心情，讓人變得積極進取。我曾聽說「女人只要皮膚狀況好，一整天就會很開

心。」身為男人實在很難理解這方面的事。不過，這裡說的「健康」不光是指身體，也包括心理在內。

　　「做有益健康的事」，有這種意識的話，就會讓人變得積極進取。如果以「充滿生氣、有活力」的角度回顧這一天，就會發現不一樣的「完成事項」。例如，可能是運動方面的事：

・在車站時，改走樓梯不搭電梯
・晨跑三公里

也可能是飲食方面的事，如：

・自己做了健康的便當
・今天吃的蔬菜比平常多

此外，還可以是和心理健康有關的事，如：

・找前輩談心事，說出心底話
・請特休假，好好放鬆了一下

〔尋找完成的事③〕

戴上「快樂眼鏡＋生氣勃勃鏡片」，回顧一天的經過。
試著把今天做了什麼有益健康的事，寫下來吧。

- _____
- _____
- _____

覺得如何呢？今天有做過什麼「充滿生氣」的事嗎？
比方說，可能有人會這樣寫：

- 早起走到下一站搭車，避開擠滿乘客的電車
- 平常都不吃早餐，今天好好吃完早餐才出門
- 陪孩子在公園踢足球，玩了一整天

如果在這類有益健康的事情上身體力行，絕對能說是
「完成事項」。

如果一直找不到完成的事，想想看自己從明天起可以
做什麼有益健康的事，也是一個辦法。

　　「明天試試看爬樓梯，不要搭電梯」，類似這樣的小改變，就會讓「完成事項」逐漸增多。

　　以上介紹的是「快樂眼鏡」和三種鏡片，你是否找到「完成的事」了呢？
　　「情緒」是推動人前進的原動力，因此，掌握這套「觀察情緒的技巧」，對自己將會十分有助益。

　　當你習慣之後，就不會覺得太困難。總之，就是「不帶情緒」並「冷靜地觀察」自己的情緒變化。就如同人站在外面觀望，感受到「原來我會為這種事感到興奮啊」。

　　學會如此觀察之後，即使是面對憤怒、悲傷之類的負面情緒，「為情緒而一時衝動」或「完全被情緒帶著走」的情況，就會慢慢減少，精神方面也會穩定下來。
　　相信也有不少人日復一日地奔忙，根本沒有閒情逸致注意自己的情緒，尤其是細微的情緒變化。這時，不妨暫時停下腳步，以慰勞自己的心情，審視打拚了一天的自己的情緒變化。

找出成長的「數字眼鏡」

對某些人來說，注意自己的情緒變化十分困難。這時候把焦點放在「數字」上，就能比較順利找到「完成的事」。這就是所謂的「數字眼鏡」。

「數字眼鏡」也有三種鏡片：「時間鏡片」、「數值鏡片」、「習慣化鏡片」，接下來就依序說明。

「時間」鏡片的效果

今天是否比平常「早完成」各項工作呢？能提前做完，就是「做得比以前好」的證據。

此外，掌握「時機正好」也相當不錯。比如，電車的時刻表管理，最重要的就是「分秒不差」，早到或晚到都不行。會議主持人之類的工作也是一樣。此外，有交貨或繳納期限的工作，如果完全按計畫進行，也可以納入完成事項吧。

　　其次，要注意的是「第一次」的經驗。不論什麼體驗，首次嘗試總是令人忐忑不安。試著回顧一天之中，有沒有這類經驗吧。

　　第一次挑戰、第一次經歷、第一次做……。如果有這類事情，就寫進「完成事項」裡吧。

　　此外，做了「許久不曾」做過的事，也可以包含在內，因為這可以解讀成，那是某一段期間內的「第一次」。

　　戴上「時間鏡片」，尋找如下的事項：

　　‧旅行前一週準備完畢
　　‧如期出貨
　　‧第一次約到客戶

　　用上述「提早」、「準時」、「第一次（許久不曾）」這類視角觀察，必定會發現一天中的「完成事項」，這就是「時間鏡片」的效用。

〔尋找完成的事④〕

　　戴上「數字眼鏡＋時間鏡片」，回顧一天的經過。請

回想今天之中，與時間有關且自己做得不錯的事。

· _____

· _____

· _____

找到了嗎？以下是一些例子：

· 比平常提早三十分鐘去上班
· 分秒不差地用三分鐘講完該講的話
· 相隔一年再度參加異業交流會

以時間的觀點來看自己「完成的事」，會有許多發現。例如，發現意料之外的「完成事項」，所以在這個過程中，一定會覺得「尋找完成的事」很有趣。

透過「時間鏡片」，我們可以發現自己正一點一點地往前進。

「數值」鏡片的效果

關注數值的上升也是不錯的方法。除了「考試分數進步」、「業績成長」之類的數值外,「次數」增加也屬於數值的變化。

此外,即使分數不佳,但刻意把目光焦點放在分數上,有時也會找到完成的事。比如,「分數退步,但成功解開以前不會解的問題」,也有可能像這樣發現過去看不見的進步。

使用數值鏡片,就能漸漸看清楚以下這類進步:

・聽力分數進步百分之十
・比平常多處理了三件案子

觀察數值時,同樣不需要太大的變化,反而要關注小變化,尤其是其他人不會注意到的細微變化。

此外,應該也會出現有的數值上升、有的數值下跌的情形。以英語學習為例,因為專注於練習聽力,結果聽力分數進步了,但短期內閱讀分數卻退步。遇到這種情形,

同樣只要關注「數值上升的一方」即可。

〔尋找完成的事⑤〕

請戴上「數字眼鏡＋數值鏡片」，回顧一天的經過。把目光焦點放在一天當中的「數值」部分，試著寫下「完成的事」。

- _____
- _____
- _____

順利找到了嗎？例如：

· 多約到十位客戶

· 閱讀書籍時，比以往多讀了十頁

在數字出現大幅變化之前，可能會看到微小的變化。比方說，回頭看資格考成績進步前的「辦到了清單」，可能會發現自己比以前用功，多讀了一些相關的書籍，或多

看了一些上課影片。只要掌握數字的細微變化，久而久之，便能夠客觀地觀察自己的成長。

　　細微的變化正是「完成的事」，對自己的小成就也要不斷給予正面評價，列入「完成事項」，這等小成就對我們來說剛剛好。

「習慣化」鏡片的效果

　　關注自己「連續〇次做到同樣的事」，也就是所謂的「習慣」。

　　「每天早上晨跑，並且持續了一個月」、「持續三個星期，每餐只吃八分飽」，像這樣原本只是單純的一個行動，但連續多日身體力行，也可以認定為「完成的事」。

　　就算是「理所當然的行動」，只要持續數日、數星期、數個月，都可說是非常了不起的事，像是：

・持續一個月，在通勤時聽英語教材
・持續三個星期，每天晨跑

· 兩個月不間斷，每天早上看報紙

問題是，要持續多久才算是「完成的事」？假使你覺得不必刻意進行，就能自然而然地「持續下去」，就是已養成習慣的證據，請把它認定為「完成的事」。

〔尋找完成的事⑥〕
戴上「數字眼鏡＋習慣化鏡片」，回顧一天的經過。請尋找看看已成為「習慣」的事。

· _____
· _____
· _____

有哪些事已經習慣成自然了嗎？

· 三餐飯後刷牙，已持續一個月
· 每天走路二十分鐘，已持續三個星期
· 持續戒菸三個月

　　這類習慣中隱藏著你所重視的事物。可能是像健康般切身相關的事，也可能是和工作有關的事，之所以日復一日的累積，與「理想中的樣子」息息相關。擁有某種習慣的人，表示他的內在擁有某種巨大的能量。這無非意謂著，這個人「今後將有巨大的轉變」。

　　以上就是「數字眼鏡」的詳細介紹，不知道各位讀者是否找到「完成的事」了呢？

　　不同於主觀性的情緒，數字是「客觀性指標」。因此，任何人都可以採用同樣的標準，這也是它的優點。

　　也許有人一聽到數字，立刻聯想到公司的目標之類的事，因而感覺有壓力。不過，我在這一小節想要告訴各位的，是「**不要放過那些不起眼的數字**」。

　　即使周遭不會有人誇獎你，但對你來說，那些數字往往代表了「自己的潛力」。畢竟當事人最清楚，自己平時是如何勤勤懇懇地努力著。掌握那些沒有人注意到的數字變化，當作「小成就」並自我肯定，便會慢慢建立起強大的自信。

能得到回饋的「人的眼鏡」

「人的眼鏡」就是觀察他人的眼鏡。從對方對自己的反應中，有時會發現「完成的事」。

試著回想自己一天當中接觸到的對象，是否感到開心、對自己露出微笑，或者感謝自己。必須注意的是，並非「對方應該很高興吧」這類的猜想，而是對方實際的行動、談話和反應。對方必須實際顯露那樣的心情，這一點相當重要。

為了觀察這些心情，「人的眼鏡」可以加上「感謝」、「表情」、「行動」三種鏡片。

「感謝」鏡片的效果

假使有人對你說了聲「謝謝」，那就證明對方認為你所做的事是有價值的。所以，我認為取悅他人，也可以算是一個「成就」。回想看看，是否有人針對什麼事向你道謝吧。

也許你會從中擁有「原來他也喜歡這種事」的新發現，而那很可能就是你的魅力或優勢，只是你自己還不知道。所以，要將它視為「完成的事」，並且肯定其重要性。

為什麼這麼說呢？

因為它會促使你發現，自己應當致力追求的樣子。

· 將在書裡看到的有趣故事告訴別人，沒想到對方向我道謝
· 三兩下就把公用空間收拾整齊，並獲得別人的感謝
· 為進行中的專案製作備忘錄並分享給前輩，對方向我說「謝謝」

如上述例子，尋找這類被人感謝的事情吧。

就像「製作備忘錄」一事，原本可能只是為了避免自己在工作上發生疏漏，不過，想到前輩也許忙到沒空製作，況且對照我的備忘錄，還可以雙重核對專案的進度，認為對前輩的幫助會非常大，於是分享給對方。

就像這樣，不是特地為了讓人感謝而做些什麼，結果對前輩來說，確實幫了很大的忙。

〔尋找完成的事⑦〕

請戴上「人的眼鏡＋感謝鏡片」，試著觀察一天的經過。尋找今天之中，有人對你說「謝謝」的時刻。

- _____
- _____
- _____

找到其他人對你表示感謝的時刻了嗎？像是：

・接下宴會幹事一職，而被人感謝
・介紹朋友給對方認識，對方向我道謝
・表達感謝之情，對方反過來更加感謝我

人都有擅長和不擅長的事，擔任宴會幹事對你來說，可能不成問題，但對某些人則可能造成非常大的壓力。事實上，主動接下這種自己不費吹灰之力就能搞定的任務，似乎多半都能做得相當好，只是自己並不知道。「感謝」鏡片就可以幫助你發覺這些事。

　　此外，偶爾也會遇到自己向對方致謝，對方卻反過來感謝自己的情況。尤其是在背後默默奉獻的「無名英雄」們，平常很少正式受人感謝，辛勞不為人知。像這樣連自己都沒有意識到的用心和工作表現，確實被人看見並獲得感謝，是件令人非常開心的事。而且，能夠如此顧慮到他人，表示你已經「做得很棒」了。

「表情」鏡片的效果

　　從對方的表情，也可以看出自己做得好不好。假使對方因為你做的某件事而莞爾，那就是「完成」的信號。

- ·聊著微不足道的瑣事，對方卻對我露出微笑
- ·在簡報的開頭插科打諢一下，全場哈哈大笑
- ·悄悄告訴別人拉鍊沒關，對方微笑著低頭行禮

　　讓人展露笑容是一項才能，假如對方因為和你在一起而覺得心情愉快，當然應該在「完成事項」中記上一筆。再說，能夠直截了當地告訴人家「拉鍊沒關」，就表示你

擁有「成年人的體貼」，這點從對方害羞地微微一笑之中，
即可看出。

〔尋找完成的事⑧〕
請戴上「人的眼鏡＋表情鏡片」，觀察一天的經過。
尋找今天之中，博得他人微笑的時刻。

- _____
- _____
- _____

怎麼樣？腦中是否浮現誰的笑容呢？

- ‧把文件交給他人，對方微笑地接過去
- ‧板著臉的前輩聽懂我的笑話，笑了出來
- ‧我稱讚學弟的領帶好看，讓他眉開眼笑

我有一位朋友M，曾任職於大型銀行，他的工作是將
匯集到自己部門的文件，分發給所有人。M總是哼著歌，

笑容滿面地把文件交給別人，沒想到因此遭受某位前輩的責備。

「不過是哼著歌嘛，有什麼關係。」M不改自己的作風（稍微降低哼歌的音量），繼續工作著。幾年後，他被提拔擔任董事的祕書，畢竟任何人都會想和時常笑咪咪的人共事，不是嗎？

對方之所以對你莞爾，無非是因為你已然「面帶微笑」。自己隨時保持微笑，這就已經能夠算是「完成的事」了。而這副眼鏡，就可以讓我們醒悟到這一點。

「行動」鏡片的效果

某些情況下，從他人的行為也可以看出自己的表現，一起來看看吧。

比方說，握手這件事。日本人不太習慣握手，正因為如此，當對方主動找你握手，就表示自己做的事，足以讓他想與你握手。此外，還有一些其他的行為，也可以算是「完成事項」。

· 生意談完後，對方要求和我握手

· 發言後獲得眾多掌聲

· 認真聽對方說話，對方請我吃午飯

在上述任何一種行為中，我想各位都能感受到，那代表身邊的人正試圖向自己傳達正面的情感。一起細心觀察你為別人做的事，會以何種行為回應到自己身上吧。

前幾天我談完生意後，對方也伸出手來，並對我說「一起努力吧」。同時，也代表對方「簽約的喜悅之情」，已轉化為握手的形式表現出來。

〔尋找完成的事⑨〕

戴上「人的眼鏡＋行動鏡片」，觀察一天的經過吧。在今天之中，別人對你做出什麼樣的舉動呢？

· _____

· _____

· _____

你做了什麼事，讓對方表現出帶有正面情感的舉動呢？例如：

・在慶生會上彈鋼琴，贏得眾多掌聲
・聽對方訴說工作上的煩惱並幫忙出主意，結果獲得道謝及致贈點心
・提出的價格與對方期望價格相近，結果離去時，對方一路送到門口

就像這樣，透過對方的舉動，檢視自己的表現。如果能夠從周圍人們的反應中，找出自己的長處，那就表示你已經可以更客觀地觀察自己。

以上就是關於「人的眼鏡」之介紹，不知各位是否找到「完成的事」了呢？

因為**人很難有自知之明，藉由觀察周圍人們的反應，發覺自己的優點更顯得十分重要。**

我們偶爾會思考「自己到底有什麼價值」，有時會因為不明白自己的價值而感到不安，有時還會因為看不見前

景而懼怕未來。

　　這種時候，「周圍人們的反應」正可以成為我們的羅盤。旁人「怎樣找我攀談」、「用什麼表情面對我」、「為我做什麼事」，諸如此類，將他人的反應當作一面鏡子，以更加了解自己。如此一來，不僅會發現自己「完成的事」，還可能發現自己的優點，將它愈磨愈光。

藉由完成事項提升
自我肯定感

　　各位覺得前面章節介紹的三副眼鏡，以及它們各自搭配的三種鏡片是否實用呢？希望讀者們可以進一步利用，當作自己快速找到「完成的事」的利器。

　　以下會列出前面介紹過的「完成事項」一覽表，我想讀者們應該可以從中找到適用的範例。

　　有些人會認為：「為工作、學習、家務、育兒等努力，是很自然的事。有必要刻意關注嗎？」也有人覺得：「記錄這種瑣事，根本沒意義。」

　　不過，這些想法並不能幫助自己改變。為什麼呢？

　　因為找出每天「完成的事」，正是幫助你擺脫「成見」必不可少的準備工作。只要孜孜不倦地記下每天完成的事，就能幫助你自然而然地培養出「站在外面觀看」的客觀感覺。

「完成的事」範例

快樂	暢快	把書桌收拾乾淨
		處理完堆積的雜務
		解決顧客投訴事件
		電腦裡的擋案夾整理好了
		寫完一冊英語單字習題
		消除程式漏洞
	興奮	電話應答得體
		見到想見的人
		順利寫完報告
		家庭收支帳簿計算一次就吻合
		英語會話能比往常多講幾句
		新計畫順利啟動
	生氣勃勃	在車站走樓梯不搭電梯
		晨跑三公里
		做了一份很健康的便當
		今天吃了比平常多的蔬菜
		找前輩談心事，說出心底話
		請特休假好好放鬆了一下
		早起走到下一站搭車，避開擠滿乘客的電車
		平常都不吃早餐，今天好好吃完早餐才出門
		陪孩子在公園踢足球，玩了一整天
數字	時間	旅行前一週準備完畢
		如期出貨
		第一次約到客戶
		比平常提早三十分鐘到公司
		分秒不差地用三分鐘演說
		相隔一年再度參加異業交流會

人	**數值**	聽力分數進步百分之十
		比平常多處理了三件案子
		多約到十組客戶
		比以往多念了十頁書
	習慣化	持續一個月在通勤時聽英語教材
		持續三個星期每天晨跑
		兩個月不間斷地每天早上看報紙
		三餐飯後刷牙已持續一個月
		持續三個星期每天走路二十分鐘
		戒菸持續了三個月
	感謝	把書裡的有趣故事告訴別人，對方向我道謝
		三兩下就把公用空間收拾整齊，因此獲得感謝
		為進行中的專案製作備忘錄並分享給前輩，前輩向我道謝
		接下宴會幹事而被人感謝
		介紹朋友給對方認識，因而獲得感謝
		表達感謝之情，對方反過來更加感謝我
	表情	聊著微不足道的瑣事，對方卻露出笑容
		在簡報的開頭插科打諢一下，全場哈哈大笑
		悄悄告訴別人拉鍊沒關，對方微笑著低頭行禮
		把文件交給別人，對方微笑地接過去
		板著臉的前輩聽懂了我的笑話，因此笑了
		讚美學弟的領帶，讓他眉開眼笑
	行動	生意談完，對方要求和我握手
		發言後獲得眾多掌聲
		認真聽對方說話，對方請我吃午飯
		在慶生會上彈鋼琴，贏得眾多掌聲
		聽對方訴說工作煩惱並幫忙出主意，獲得道謝及致贈點心
		提出的價格與對方期望價格相近，離去時對方一路送到門口

客觀地觀察自己並予以正面評價，與真心肯定自己乃是息息相關，一定會大大提升自我肯定感。而且，那將會轉化為堅定的自信，成為我們前進的動力。你將感受到：

「我也挺厲害的嘛！」
「我這個人也滿努力的啊。」

每天都向自己這麼說的話，對於走出「自己的小世界」及改變自己來說，實在相當重要，並且能進而發掘自己的潛力。

Column2 **練習像「靈魂出竅」般的觀察法**

　　使用前述「眼鏡」看到的，的確是「事實」。只是，負面情緒有時會阻撓我們，使我們看不見事實。為了避免這種情況發生，建議你必須保有宛如「靈魂出竅」的感覺，請想像自己從上空觀看自己的行為。

　　舉個例子，在公司內部會議上，當你說出「增加廣告費」的提議，銷售部的鈴木先生卻對此表示反對。這時你也許會這麼想：

　　「又是鈴木先生！他老是唱反調，毀了別人的提案……。真是氣死我了！」

　　這麼一來，對鈴木先生的負面情緒就會擋在前頭，使你無法冷靜地看清事實。但心情平復之後再來看，就可以看見不同的面向。

「鈴木先生的意思是『打廣告太浪費錢了，應當要求業務員更勤跑客戶』。這大概是靠雙腳跑了二十年業務的資深業務員，才有辦法說出的意見。再一次研究廣告費該怎麼使用吧！」

如果能像這樣，先看清楚事實再延伸思考就太好了。

當人們被情緒綁架後，便會失去許多思考的機會。 在第三章，我會更仔細地談論這個主題：情緒一旦先行，人們就會停止深入思考。

請各位謹記，用「靈魂出竅」般的感覺，來觀察自己的行為。如此一來，就不會被困在情緒之中，這會是很好的訓練。

為什麼我說是「靈魂出竅」呢？

因為保有這種觀點，會比較容易區分「事實」和「情緒」。由於是從旁觀者的角度凝視自己，所以會先看到「行為」再看到「情緒」，就如同下列順序：

・「工作不順利」→「覺得懊惱」，我。

・「提案通過」→「好高興」，我。

這點非常重要，因為我們總是把行為和情緒混在一起處理。只有養成將它們切割開來的習慣，才能夠比較容易從「行為」中找出「完成的事」。

情緒與思考的力量

第3章

📖 用內省深入思索完成的事

我想各位讀者已經能夠明白，我們每天都有許多「完成的事」。相信讀者們也發覺自己的表現已超出自我認知，只是以前你一直視而不見罷了。

找出每天生活中「完成的事」，提高自我肯定感，那麼心門自然會開啟。讓我們一起做好準備，來探究「自己真正的心情」。

接下來，我們要做的就是「內省」，也就是深入思索「完成的事」。

不過，只是盲目地在腦中思索是不夠的。為了能夠有所領悟，引發自己的轉變，所以我們必須分析，那些所謂「完成」的經驗「為什麼能順利完成？」「是不是有其他更好的方法？」

歸納之後，再寫成一篇內省文，這麼做的效果會最好。而且，這篇內省文必須採用「對自己說話的語言」來書寫。

　　具體來說，可以規定自己一週寫一篇內省文（比如在週日晚上書寫），從當週「完成的事」中，選出一件事深入反思。我會在第四章詳細說明內省文的寫作方法，只要寫過幾次就會慢慢上手。不論是誰，最後都能花個十分鐘左右就寫完，這點請各位讀者放心。

磨練自己的三種好習慣

　　活用「辦到了日記」磨練自己的方法，乃是由以下三種習慣構成：

・習慣一：**找出完成的事並記下來**
　　　　（每天就寢前，三至五分鐘）

↓

・習慣二：**審視完成的事後，寫出內省文**
　　　　（一週一次，十至十五分鐘）

↓

・習慣三：**實踐自己的領悟**
　　　　（此後不斷反覆）

而這三種習慣的輔助工具，就是「辦到了日記」。雖然稱作「日記」，但利用平時手邊的記事本、雜記簿，或是如第一章所說的，利用電腦或智慧型手機的記事功能都無妨。

應該有讀者會質疑「還要寫下來，真是太麻煩了！」或者「為什麼要寫呢？」其實，「書寫」本身就具有十分重要的意義。

怎麼說呢？

因為**書寫可以讓我們學會客觀地審視自己**。換句話說，就是幫助你擺脫「自以為是的自己」、「被制約的自己」和「獨斷的自己」。

可以這麼譬喻，就像是「從離地幾公尺的上空俯瞰自己」的感覺。而能夠幫助我們實現此狀態的工具，就是「辦到了日記」。

只要將自己所思、所想和內心感受，透過書寫「釋放出來」，即可用自己的雙眼閱讀。正如同前面章節約略談到的「學會從旁觀角度冷靜地凝視自己」，也就是觀察自

己的意思。

　　因為是人，難免會感到思緒紛亂和不安。這種時候，如果寫下「此刻，我感覺到不安。」心情就會慢慢平靜下來。以專業術語來說，就是所謂的「標籤作用」。

　　將自己的行為和情緒轉化為語言，可以使得位於額頭一帶的大腦「前額葉皮質」發生作用，抑制名叫「杏仁核」的區域，以控制憤怒、不安和恐懼。這是被實際運用在心理訓練中的手法。

　　此外，從這些沒記下就會忘記的「小成就」中，可以慢慢看清楚自己的新夢想，或是值得努力的方向。而且記錄下許多完成事項的「辦到了日記」，同時也是自己的成長軌跡。事後再回頭看的話，必定會有當時沒察覺到的新發現。

從小成就中，看見未來的自己

　　寫「辦到了日記」可以得到以下三點好處：

①找到完成的事，漸漸產生自信（自我肯定感提升）

②不安消失，變得積極進取（幹勁提升）

③找到接下來要做的事，並養成行動的習慣（行動力
　提升）

　　以下我舉一位實際寫「辦到了日記」的S小姐為例，為
各位簡單說明。

　　S小姐大約三十多歲，剛開始記錄時，她以為「只是每
天重複記錄同樣的事，很少有什麼『完成的事』啊！」不
過，在找出每天生活中的「小成就」，並不斷內省的過程
中，她發覺一件事，那就是自己每天記錄的內容，全部都
和「整理」有關。

　　「把廚房的抽屜整理乾淨，真爽快！」

　　「自己幫衣櫥裝上橫桿。」

　　「把老家好久沒整理的壁廚清理完畢。」

　　對這類「完成的事」，深入檢視「為什麼能做到」和
「有沒有其他方法」時，她開始認為「自己說不定很喜歡

且擅長整理」。現在竟然為了考取「整理收納顧問」的證照，而用功學習。

「整理廚房」或許只是眾多「小成就」的其中之一，不過藉由記錄和深入思索，竟然能讓人發現自己的長處和新目標。

一旦學會使用這種方法寫日記，並且觀察自己，就能擺脫自以為是的想法，從而不斷精進。那也意謂著，你能夠「脫胎換骨」。

一些小習慣的改變，便會讓人發現戲劇化的轉變。

而發現轉變的過程也是一大樂趣，「辦到了日記」就是能同時欣賞到自己轉變歷程的日記。

看完這個案例，你覺得如何呢？是不是也想趕快開始寫了呢？

不過，請稍候。開始講解「辦到了日記」的具體書寫方式之前，我想再多談一些關於「內省」的事。這話題可能有點嚴肅，希望各位讀者耐住性子讀下去。

📖 天真的人和樂觀的人 差別在哪？

　　「辦到了日記」是改變過去只看事情負面部分的習慣，刻意著眼於「完成的事」的手法。正如我在前文談到的，找到「完成的事」會讓自我肯定感上揚，並做好認真面對自己的準備。

　　也就是說，自我肯定感提升後，對自己會產生信心，因而能夠坦然面對內心深處真正的感受。在這樣的狀態下內省，即使可以預料到未來將遇到的困難，也會認為：

　　「我沒問題，一定能夠克服。」

　　那麼，到底為什麼能如此積極正面地思考呢？

沒來由地有自信的人，比較容易成功的理由

　　實際上，順風順水的人通常自我肯定感都很高，而且

沒來由地擁有自信。這樣的人經常挑戰，因此失敗的經驗也比別人多。但就算失敗，也會樂觀地認為自己「有能力克服失敗」。這點就是很大的不同。

　　各位知道天真的人和樂觀的人有何差別嗎？天真的人不會深入思考，只是一派純真；但樂觀的人並非如此，他們比較傾向深思熟慮。

　　另外，與樂觀相反的則是悲觀，各位能體會其中的差異嗎？

　　遇上問題時，樂觀的人和悲觀的人其實同樣會認為「情況可能不太妙」。差別在於，樂觀的人傾向覺得「不過，我一定能夠度過難關」。

　　舉個例子，請想像你正準備捕捉躲在岩石底下的螯蝦。天真的人會不加思索地把手伸進去，於是就被夾到，因此得到教訓。

　　樂觀的人則會思考「手伸進去可能會被夾到、還會很痛。為了避免這點，一定要小心地悄悄伸進去。不過，萬一被夾到應該也只是小傷，還是挑戰一下吧！」

那麼，悲觀的人會怎麼想呢？他們會認為：「假使裡面是隻大螯蝦，手指被夾到就立刻斷掉、血流如注，傷勢嚴重的話該怎麼辦？」

就像這樣，悲觀的人會陷入擔憂而無法自拔。

這確實是非常極端的例子，不過我想表達的是，樂觀的人和悲觀的人都會徹底考慮到風險的問題。只是悲觀的人過度警戒，樂觀主義者則能適度地考量風險。如此說來，樂觀的人其實也有悲觀的成分，而他們與單純的天真是不一樣的。

如上所述，樂觀主義者和悲觀主義者在「想要行動（抓螯蝦）」和「考量風險（手可能被夾到）」的層面上並無二致，但之後的結果卻有天壤之別。樂觀主義者會採取行動，而悲觀主義者則躲在自己的世界裡不敢踏出一步。

那麼，要怎麼做才能變成既考慮到風險，同時又能付諸行動的樂觀主義者呢？

當然，我們免不了需要好好思考應當怎麼做，才能成為這樣的人呢？不過，重點是要寫下「內心真正的感受」，

這是一個人能夠變得積極進取的祕訣。

直接碰觸內在情緒與消除不安有關，也就是前文提到的「標籤作用」。將自己的行為和情緒轉化為語言，可以使人不致落入過度的悲觀主義，而成為一個樂觀主義者。

換言之，內省就是藉由回顧的方式，學習過去的體驗和經歷，專業術語稱為「經驗學習」。

簡單來說，就是「**從經驗中學習，讓自己的未來更美好**」。這種思考法除了正視積極的情感，連不安都能變成一股助力。

📖 陷入思考停擺的三個陷阱

　　內省不光只是寫日記，還要深入觀察自己，也就是仔細思量、分析自己的行為。

　　然而，實際上並沒有這麼順利。即使試圖深入細想，但不知為何，人們就是會陷入思考停擺。所謂的內省，不是想做就能做到那麼簡單的事。

　　關於思考停擺，通常會呈現以下三種樣貌：

① 情緒先行

　　因為是人，所以會有情緒。然而，「開心」、「難過」、「不安」、「生氣」這類情緒一旦走在前頭，人們就無法冷靜地審視事實，而且會變得情緒化，導致思考停擺。

　　觸動情緒是引發行動的一大要素，可是人們一旦被情緒帶著走，就會阻礙深入思考。所以，最好先徹底冷靜地審視事實之後，再去觸動情緒。

②程度曖昧不明

當表示程度的用語不夠精確時，即是我們思考停擺的證明。

使用「徹底地」、「積極地」、「自主地」這類詞彙，或「更加」、「確實」、「明確」之類的副詞時，雖然感覺很有氣勢，但所表示的程度其實相當不明確。例如，說要「積極地溝通」，但究竟實際上要做什麼、做多少？這部分當事人始終沒搞清楚。

③變成像是寫報告

有些讀者會採取向他人報告似的語言來書寫。「內省」明明是與自己內心的對話，這些人卻寫成像在向上司報告的文章那般。

「本週沒能做到。抱歉，下週會努力。」像這樣的文句是面向他人的反省文，不是與自己內心真正的想法對話，因此不會影響到自己的幹勁，也不會帶來積極的行動。

上述「三個陷阱」，會讓人漸漸不再深入地思考事情。

而且，問題在於自己還會「陷入一種在深入思考事情

的錯覺」，實際上則是落入自我成見，談不上仔細思索。

　　不過，其實有方法可以避免陷入思考停擺的狀態，輕
而易舉地就學會內省。各位知道是什麼方法嗎？

　　那就是「提問」。以提問作為開啟我們「深入思考」
的契機。

　　本書的「辦到了日記」，準備了多個能幫助我們深入
思考的問題，並設計成任何人都能藉由回答問題後，來達
到內省的效果。

 徹底利用「提問」達成內省

首先，讓我們一起看看某對夫妻晚餐時的對話。

妻：「今天的晚餐好吃嗎？」

夫：「喔，好吃啊。」

妻：「什麼東西好吃？」

夫：「呃……，讓我想想。嗯……，湯頭很好，非常入味。」

這位丈夫回答「好吃」的當下，腦子裡顯然一片空白。平常看似是「感覺」和「思考」同時進行，但其實人們很少思考。雖然回答「好吃」，但腦袋根本沒在想「到底是什麼東西好吃？又是怎樣的美味呢？」。就算腦中隱約思考過，卻也尚未轉換成語言。

也就是說，當我們被人問到「什麼好吃」時，才會開始思考。這就是「提問」的力量。所以說，人是要「被問」之後，才會進一步「思考」。

所謂「內省」，不是由他人提問，而是自己對自己的提問。

換言之，必須「自問」才能發揮效用。當自己懂得如何「自問」，就能深入思索自身的經驗或體驗，進而由此產生新的發現和想法。

針對過去一直無視其存在的「完成的事」，來進行自我探問，這正是「內省」的祕訣。

針對「完成的事」進行內省

各位覺得「針對『完成的事』進行內省」，到底是什麼意思呢？

其實，就是要大家去思考「為什麼能順利完成？」這件事。

我們經常會思考怎麼做才可以「化過去的不能為可能」，卻很少針對自己「已完成的事」深入思索。往往面對「已完成的事」，就感到心滿意足，毫無疑問地繼續思考其他事情。

正因為如此，一旦我們停下來問自己：「為什麼能順

利完成？」就能引領我們深入思索：

「原來是出於這個理由，才會變成這樣啊！」

這麼一來，就會進一步想到改善的點子，像是「不然下次試試看這個方法吧！」

在此，讓我們先來看一下N小姐的「辦到了日記」及其內省文。

N小姐任職於大型製造商，負責銷售工作。她在完成事項中寫道：

「商品介紹做得比往常要好。」（使用快樂眼鏡＋興奮鏡片）

①具體發生了什麼事？

四月十二日，在公司與一位三十多歲的男性客戶洽談新商品事宜。我的商品介紹做得比往常要好。

②為什麼能做到？

　　當時的氣氛和諧愉快，很方便談話。對了，我當時穿著新添購的藍色春裝。明亮的色彩讓我的心情開朗起來，或許也因此感染了對方。

③此刻有何實際感受？

　　很高興能洽商順利。假如真的是因為衣服顏色帶來這樣的結果，那麼，以前老是穿黑色或褐色等暗色服裝的我，到底算什麼？有點後悔沒早一點發覺這件事。

④明天起要做什麼改變？

　　明天起就穿亮色系的衣服。由於我這類的衣服太少，下班時去買些春裝吧！

　　「辦到了日記」的內省文不同於檢討。回顧沒能做到的事和追究原因，絕對是項痛苦的作業；但如上所述，回顧完成的事反倒很快樂。

　　而且，如果能發現或想出改善的方法，一定會更加開心。因為把想到的點子付諸實行，便又多了一樣「完成的

事」。如此反覆下去，就能期待看到自己的改變。而當我們發覺時，相信自己也會驚訝於那戲劇化的轉變吧。

據說N小姐意識到「服裝顏色」能幫自己的形象加分後，不僅工作業績提升，私生活方面也有好事發生。她成功利用「辦到了日記」重新檢視自身，並達成蛻變。

那麼，下一章我們就要來談談「辦到了日記」的書寫方法。

Column3 機會就藏在煩躁的時刻中

　　各位讀者喜歡什麼樣的人呢？比方說，誠實的人或開朗的人……。

　　反過來提問，大家又討厭什麼樣的人呢？像是，骯髒的人或不守時的人嗎？

　　這個社會上，不可能只有我們喜歡的人，無論如何都會遇到不得不與「合不來的人」共事、打交道的場面。想必會有許多令人煩躁的時刻。所以有人說，人的壓力十之八九來自人際關係。

　　讓我來告訴各位讀者，該如何徹底翻轉我們對人的看法吧。

　　關鍵就是把我們喜歡與合得來的人，看作是「價值觀和視角相同的人」，而不喜歡與合不來的人，則看作是「價值觀和視角不同的人」。

　　假設你不喜歡「主觀意見很強勢的人」，如果在公司

的會議上，看到有人一味申張自己的意見，便會覺得煩
躁，在心裡暗罵：「呿！又在自說自話了。」

　　從你覺得「這個人真討厭」的那一剎那起，就代表你
聽不進對方說的話了。因為你已經下意識地拒絕傾聽，也
拒絕理解對方的想法。

　　不過，如果把這種人看作是「價值觀和視角不同的
人」，便可以完全改觀。

　　「又開始一貫的自我表述了。不過，他應該有什麼理
由，先聽聽看他怎麼說吧。」這麼一來，就能夠冷靜地聆
聽對方說的話。

　　我並不是希望讀者們「喜歡你不喜歡的人」，或「勉
強迎合對方」。而是從結果來看，**接受對方是個「價值觀
與自己相異的人」，能讓自己的想法更開闊**。

　　仔細想一想，價值觀與自己相同者說的話，應該多半
都是你已知的道理。雖然聽來順耳舒暢，並且能引發共
鳴，但無論如何，就是會覺得愈來愈沒有新意吧。

另一方面，價值觀與自己不同者卻擁有迥然不同的想法和視角。所以，只要能夠接受對方的意見，了解對方「雖然和自己南轅北轍，不過原來有人會這樣想啊」，就能讓對立慢慢走向融合，而且新的領悟和構想也會從中逐漸萌芽。

　　「成長」意謂著一個人「眼界和視角」的擴大。換言之，就是看事情的角度，以及觀照的範圍和立場擴大。也就是說，擁有不同的價值觀和視角的人，正是能夠促使自己成長的人。

　　假使你在上述情況中感到煩躁，那便是自己成長的「機會」了。這種時候，就在心裡暗暗提醒自己：「啊，機會來了！」並且側耳傾聽。

　　若能學會客觀地觀察自己的情緒，相信壓力便能立刻減輕，而且會開始藉此來幫助自己成長。

來寫「辦到了日記」吧！

第4章

「辦到了日記」四步驟提問法

本書提出的「辦到了日記」的內省文，其運用方法非常簡單，簡單說就是：

「一週一次，從每天的『完成事項』中選出一件事，並寫下自己的省思。」

比方說，週一到週六每天記下一到三件「完成的事」，那麼，至少就有六筆以上「做得比以前好」的紀錄。所謂「做得比以前好」，換個說法就是「自己想要做得更好」的意思。因此，這份紀錄顯示出你重視什麼事。

憑直覺從這份紀錄中挑選出一件「完成的事」，而且選擇那一件都無妨。為什麼呢？

因為**這份紀錄已概括呈現出你的價值觀，不論怎麼選擇都能加深其意義。**

然後，依序回答「四個問題」，以問答的形式寫下自

己的省思，如此即能達到深化思考。

　　除此之外，持續寫「辦到了日記」的過程中，還能漸漸明白自己重視什麼、想成為怎樣的人，也就是自己心目中「理想的樣子」。

嘗試書寫內省文

　　「辦到了日記」的內省文包含四大要素，每項要素都具備一個能幫助自己深入思考的問題。而這個問題即是對自己的探問（自問）。

　　．四大要素和問題

　　①事實詳情：具體發生了什麼事？

　　②分析原因：為什麼能做到？

　　③內心感受：此刻有何實際感受？

　　④下一步行動：明天起要做什麼改變？

　　起初可能會有點不習慣，但練習三、四次後，慢慢就能掌握書寫內省文的「訣竅」。幾乎所有人一開始寫內省

文時，都會花上大約十五分鐘的時間，但漸漸就縮短到十分鐘左右。一旦寫上手了，也有人五分鐘就能完成。其格式如右頁。

以問答形式依序回答各個問題，自然就會開始回顧自己完成的事。也就是說，我們自然而然就能學會內省。

而且，其設計就是會讓人產生「新的行動」。只要順著問題回答下去，自己慢慢就知道該如何改變做法。

行為上的小改變，終將帶來巨大的轉變。正如前文提到的，「辦到了日記」正是能引導我們走向蛻變的工具。

那麼，就讓我依序詳細解說「內省文」的四大要素。

我舉某企業行銷部門年輕職員的內省文為例，來為各位讀者說明。

①事實詳情：具體發生了什麼事？

關於「完成」這件事實，更具體地寫出發生什麼事。回想是在什麼時候、怎樣的情況下完成，並且記錄下來。這時所謂的「4W1H」能幫助你回想，也就是When（什麼

內省文的各項要素

／（　）　選出一件完成的事：_____

① 事實詳情：具體發生了什麼事？

② 分析原因：為什麼能做到？

③ 內心感受：此刻有何實際感受？

④ 下一步行動：明天起要做什麼改變？

時候)、Where(在什麼地方)、Whom(什麼人)、What
(什麼事)、How(如何)完成。

範例 完成的事:製作了一份很好的報告

　　When:上週三

　　Where:公司的行銷部門

　　Whom:上司要求

　　What:針對上個月活動的參加者,完成一百人份的問
　　　　　卷調查

　　How:統計並依屬性分別加總計算

　　不妨寫得像上列這樣具體明確,讓人一看到文字,彷
彿當時的情景如同在眼前。一開始詳細確認事實,對接下
來的分析相當重要。當分析不夠精闢時,原因大抵都出在
對事實的認識太簡略。

　　②分析原因:為什麼能做到?

　　現在要探究「完成」的原因。說到分析,也許有人會
覺得好像很困難,其實不用擔心。只要反覆追問「為什

麼」，自然就能深化思考，找到真正的原因。這正是所謂
的深入挖掘再分析。

　　一起來看看，反覆詢問三次「為什麼」的例子吧。

[範例] 製作了一份很好的報告

　　· 為什麼能完成一份好報告？

　　　→因為參照的資料十分有用

　　　　　　　　　↓

　　· 為什麼能找到很好的參考資料？

　　　→因為同事介紹

　　　　　　　　　↓

　　· 為什麼同事會介紹你這份資料？

　　　→因為對統計一竅不通，於是去請教同事

　　像這樣反覆詢問「為什麼」，就會慢慢看清楚「製作
了一份好報告的原因」。如果只是概略思考，就會覺得是
因為「看到有用的參考資料」，可是深入細想之下，便會
發現「請教同事」才是根本的原因。

③內心感受：此刻有何實際感受？

試著坦白描述自己對完成這件事的心情，以及分析過原因之後「此刻的感受」吧。把自己真正的心情寫成文章；人有許多種情緒，一起來觀察在此時會有怎樣的情緒。不太能用言語表達清楚時，請參考以下列出的「七種情緒」，然後試著誠實地探究內心最真實的情緒。

・喜悅：「好開心」、「太讚了」、「好快樂」……

・安心：「鬆了口氣」、「覺得慶幸」、「平靜下來」……

・信任：「覺得自豪」、「幹得好」、「感到佩服」……

・不安：「羞愧」、「擔心」、「著急」……

・驚訝：「嚇一跳」、「超乎預料」、「覺得可怕」……

・悲觀：「悲傷」、「懊悔」、「難受」……

・憤怒：「煩躁」、「生氣」、「覺得過分」……

要將情緒順利轉換為文字，十分重要的是，**必須後退一步，以旁觀者的角度觀察自己真正的情緒**。然後，接納自己「原來我有這樣的情緒」。不必去評斷情緒「是好是壞」，也不必肯定或否定真實的自己，而是承認並接納自己的情緒，並把它寫下來。

[範例] 「順利完成統計報告，真是鬆了口氣。同事給了好建議，讓我很開心。不過老實說，我對自己沒辦法獨力完成一份報告，感到有點焦慮。」

如同上述範例，必須坦白記錄自己湧上心頭的感受。

假使無法冷靜以對，就試著以外人的語氣來描述自己，像是「這個人現在心浮氣躁……」。此外，沒有任何感受時，就接納自己「此刻的情緒毫無波動」，並誠實地寫在日記上吧。

④下一步行動：明天起要做什麼改變？

分析過原因，也碰觸到內心真實的感受後，腦中一定會浮現「如果更○○應該比較好」，或者「下次要不要嘗試這麼做呢？」之類的改善行動。這時就要具體寫出明天以後的實際行動。

用不著寫什麼了不起的大事，只要簡單的行動即可。假使想不出來，便問問自己「沒有其他要做的事嗎？」想一想有沒有自己能力所及的事，如此一來，就會比較容易找到可以下工夫改善之處。

範例 「明天起，開始慢慢學一些統計知識吧。首先，就是利用通勤時間在電車上讀參考書。」

選定這種可以立即付諸實行的小事，或者簡單的行動吧。如果擬定的計畫太過龐大、不易執行，就容易一拖再拖，最後不了了之。請注意，不要變成一個光說不練的評論家。

不過，人們往往會積習成癖，不是想改變就改變得了。美其名是「維持現狀傾向」，其實是試圖改變卻又屈服於現狀，所以繼續同樣的行為。

好不容易有所領悟，卻不在行為上改變的話，是無法讓人脫胎換骨的。當行為改變後，才能說是真正有效利用過去「成功」的經驗。為此，我們也要寫下明天就能確切實踐的小事。

其實，這四大要素的排列順序也非常重要。

前文已談過一旦情緒先行，人便會停止思考，但另一方面，人就是因為情感被觸動，才會有所行動。所以採用

①先掌握事實、②分析事實、③探究情緒這樣的順序，對
我們是有幫助的。這麼一來，就比較容易引發④明天之後
的新行動。

得到自我成長的真實案例

　　本節我要請前言中提到的Y先生再次出場，一起分享「辦到了日記」內省文的實際寫法。

　　在那一週的「完成事項」中，Y先生關注的是「忍住沒再來一碗飯」這件事。

　　每次碰到「免費加飯」，Y先生一定會多要一碗，但因為最近覺得腰帶有點緊，這次便忍住沒添飯。由於Y先生總是會再添一碗飯，讓自己吃得飽飽的，所以我幫他取名為「飽食Y」。

範例 選出一件完成的事：忍住沒再來一碗飯

　　①事實詳情：具體發生了什麼事？（When、Where、Whom、What、How）

　　七月十二日午餐時間，我與同事T一起走進「滿腹食堂」，我未屈服於「免費加飯」的誘惑，忍住沒再來一碗。

②分析原因：為什麼能做到？

因為最近覺得腰帶很緊，開始在意起腰圍。近期又有健康檢查，所以一直很擔心。可能是最近都沒運動才會發胖吧。

③內心感受：此刻有何實際感受？

很高興可以忍住沒再來一碗飯。原來只要有心，我也做得到！不過，光是減少飯量可能沒辦法真的瘦下來。看來還是得減些體重才行，否則不妙。我可不敢就這樣去做健康檢查。

⑤下一步行動：明天起要做什麼改變？

G先生之前邀我一起參加市民馬拉松大賽，要不要挑戰看看呢？突然就跑馬拉松一定會受傷，明天開始每天早上拉筋十分鐘吧！

在這之後，Y先生從拉筋開始做起，幾個星期後進步到每天晨跑三公里。他不斷地改變自己的行動。

Y先生並不是一開始就設定「我要減五公斤」這樣的

明確目標，只是無意中「在意起腰圍」，想「戒掉再來一碗的習慣」。

　　但他注意到這個「小成就」，透過日記持續內省，因而啟動了新的行動。

　　如上所述，「辦到了日記」的厲害之處，就是可以讓人從細微的變化中，發現新目標。這是自然而然發生的事情。如果現在沒有特定目標，也不必著急，只要持續書寫，就會慢慢發現了。

一個月後「飽食Y先生」的內省文
　　讓我們來看看，飽食Y一個月後所寫的內省文，文中可以看到他為馬拉松大賽正式展開體能訓練的樣子。

範例 選出一件完成的事：早上跑完三公里

　　①事實詳情：具體發生了什麼事？（When、Where、Whom、What、How）

星期三早上，我一個人繞鎮上跑完三公里，中間完全沒有休息。花了二十九分鐘的時間。

②分析原因：為什麼能做到？
那天早上天氣非常好，所以能愉快地跑完。如果問我為什麼要做體能訓練，那是因為我報名參加下個月舉行的市民馬拉松大賽的十公里組。

③內心感受：此刻有何實際感受？
很高興今天能愉快地跑完三公里。不過面對下個月的大賽，心裡還是有些不安。因為我參加的是十公里組，只練跑三公里可能不太夠。很擔心能不能跑完全程。

④下一步行動：明天起要做什麼改變？
將每天晨跑的距離，拉長到五公里！

持續寫「辦到了日記」，會看到一個人行為變化的情形，如同Y先生便促成了以下的改變：

・忍住沒再來一碗飯　→　每天早上拉筋十分鐘　→　晨
跑三公里　→　晨跑五公里

　　俗話說，堅持就是力量，當你重新檢視「辦到了日記」，看到小改變逐漸演變成巨大的轉變，無疑像是看到「自己成長的過程」。

改變行為的終極思考法

談論至此，各位讀者是否都理解「利用四大要素深入探究」的思考法呢？

前面介紹的四個「問題」，會引發我們許多新的領悟和行動。反覆追問「為什麼」，以及觸碰到「情緒」的影響尤其大。

例如，我在第三章所舉的N小姐的例子：

・順利完成商品介紹　→　發覺穿顏色明亮的衣服效果不錯　→　買衣服

又如飽食Y先生：

・忍住沒再來一碗飯　→　意識到不久就要做健康檢查　→　運動

兩者的日常行為都得到改善。N小姐改善了自己的服

裝，Y先生則為了減肥，養成運動習慣。這兩個例子都是
「單一方向深入挖掘、思考」的結果，N小姐是從服裝切
入，不曾跳脫服裝的話題；飽食Y則自始至終只談減肥。

　　這種單點集中式的深入思考，確實會帶來行為的改
變，但我在這裡要談的，是有助於醒悟、「大幅轉換視角」
的思考法。

　　它可以說是「帶來行為改革的思考法」，即批判性思
考（critical thinking）。

　　說到批判，往往被解讀為否定或責備的意思，其實並
非如此。「批判」意指凡事不盲目相信，保持懷疑，並多
面向地進行理解。由於觀看的角度改變，對擺脫僵化的思
維是非常好的思考法。

　　相對於以「單一視角」深入思索的深掘型思考，批判
性思考可說是「複眼式的思考」，可以培養從各種不同角
度或立場看事情的眼光。

　　批判性思考為必要的思考法之一，目前市面上有許多
講解相關主題的書籍，學校也試圖將它納入教育之中。它

能培養未來時代所需要的能力——自己思考與覺察。

　　在專業術語中，稱之為「後設認知能力」，即客觀地理解自己的經驗，並有效利用到下一次的能力。有句成語叫「聞一知十」，正如同從一件「完成的事」學會許多事的能力。

出自批判性思考的提問

　　那麼，各位覺得要利用批判性思考問自己什麼樣的問題，才能從「完成的事」中，得到重大的領悟或發現呢？
　　答案就是——

「那真的稱得上是『完成』嗎？」

　　總之，就是對「完成的事」提出質疑。暫且停下來想一想，「到底是為了什麼而做那件事」。一旦從目的觀點檢視「完成的事」，便會發覺那根本稱不上「完成」。
　　我把這種問題取名為「終極提問」。因為是要懷疑「完

成的事」本身，當然可稱為終極提問，對吧？

　　要人懷疑透過「快樂眼鏡」的「興奮鏡片」，好不容易才發現的「完成的事」，實在相當殘酷。

　　但我希望讀者們不要誤會，我的意思絕不是希望各位否定「完成的事」。

　　完成的事就是完成的事，那是千真萬確、令人讚賞的事實。

　　我的意思是要各位試著換個角度思考：「可是，那樣真的好嗎？」這時就有可能發現原本怎麼也想不到的事。

為什麼要刻意懷疑「完成的事」？

　　我之所以一直要各位關注自己「完成的事」，而不是「沒完成的事」，其實也是為了進一步發揮「批判性思考」。「沒完成」就是「沒完成」，毫無疑義；而「完成的事」經過懷疑後，卻有可能「稱不上完成」。這裡隱藏著促使視角產生大轉變的新發現。

　　以前面提到的N小姐為例，她能「順利完成商品介紹」是無庸置疑的事實，但她也許忘了，那次洽談必須達成的任務。

　　假設原本的目的是「接到這個月的訂單」，就不能只以順利完成商品介紹而滿足，可能需要另謀他法，以便簽到合約。

　　這時，能讓我們有這種領悟的，正是批判性思考。

批判性思考帶來的個人領悟

本節我要來說明進行批判性思考時，如何引發「更有用的提問」。

如果只是自問「真的稱得上是『完成』嗎？」許多人可能不知道該怎麼回答。這時，可以分階段提出以下兩個問題，幫助我們的頭腦動起來。針對完成的事，依序自問A和B兩個問題。

A 有助於確認目的的提問

「到底為什麼要做那件事？」

B 有助於轉換視角的提問

「從那目的來看，算得上完成嗎？」

具體來說，這兩個問題要納入前述「內省文四要素」的第二要素——「分析原因」中對自己的提問。讓我依序說明吧。

A 到底為什麼要做那件事？

試著懷疑「完成的事」。問自己「到底為什麼要做那件事」，藉以思索「完成那件事」的目的何在。清楚確認目的後，即做好大幅轉換視角的準備。以剛才提到的N小姐來說，就是「向客戶介紹商品的根本目的，是為了簽到訂單」。

B 從那目的來看，算得上完成嗎？

追加提問這個問題的話，可以讓人採用與以往截然不同的視角思考。從目的來看「完成的事」時，眼界會擴大，因此，問這個問題可以讓人用完全不同的觀點看事情。若是剛才N小姐的例子，她就會開始「另謀他法，以便簽到訂單」。

接下來要說明，經過批判性思考後，該如何理解第三要素——內心感受（此刻心裡實際的感受是什麼）。

在批判性思考之下，「完成的事」被看作「沒完成」，心裡當然會產生不安。有時甚至會從「我做到了」這種正向思考，掉入「這樣還不夠」的負向思考中。

不過，即使是這樣也沒關係。因為坦率地寫下包括「不安」在內的真正感受，會讓人更冷靜地接納自己的情緒，即前文談到「標籤作用」的效果。在書寫的過程中，應該能感覺到自己逐漸平靜下來。

　　此外，也有人審視「完成的事」後，引發許多領悟，於是急著想做這件或那件事。在這種狀態下，有時透過批判性思考大幅轉換視角，也會覺得「啊，用這麼簡單的方法也不錯！」或「只要這麼做就全部解決了，不是嗎？」心情一下子輕鬆起來。

　　無論如何，當我們進行批判性思考時，不能缺少激勵自己向前看的情緒控制。為此，請誠實寫下自己真正的感受吧！

　　那麼，經過批判性思考後，該如何掌握第四要素——下一步行動（明天起要做什麼改變）。

　　由於已經轉換視角，所以會想出全然不同的行動。那時想必會有「哇！大發現」的感覺。那正是擺脫被「自以為是的想法」束縛，讓人破繭而出的瞬間。當我們欣賞自

己蛻變的同時，也別忘了讚美自己吧。

　　為此，經過批判性思考後，實際身體力行的新行動也很重要，哪怕是微不足道的行動也無妨。

「飽食Y先生」的批判性思考

　　一起來看看前文提到的飽食Y先生，他是如何進行批判性思考吧！請注意看他的視角有什麼樣的轉變。

範例 選出一件完成的事：每天晨跑五公里，並持續了一個星期

　　①事實詳情：具體發生了什麼事？

　　這個星期，我每天早上都繞鎮上跑五公里。由於新訂做了一套運動服，感覺好極了！

　　②分析原因：為什麼能做到？
　　　　　　　　真的稱得上是「完成」嗎？
　　A 到底是為了什麼要做那件事？

因為在意體重，於是為了參加馬拉松大賽而展開體能訓練，可是我之所以想要瘦下來，其實是想過健康的生活。想要永遠健康、快樂地和家人一起生活。

B 從那目的來看，稱得上是完成嗎？
想過健康的生活卻只考慮減重，但減重不是目的；自己最想珍視的，其實是與家人的生活。

③內心感受：此刻有何實際感受？
這麼說來，我最近都沒陪孩子們玩。每天都藉口晚歸，假日又總是在睡覺，感覺很對不起他們，真希望能有更多時間陪伴家人。

④下一步行動：明天起要做什麼改變？
這星期找一天全家一起去散步吧！對了，我們家附近新建了一條漂亮的步道。希望能看到家人愉快的笑容。

覺得怎麼樣？原本只關注減肥的飽食Y，從忍住沒再來一碗飯到跑步，都是從同一個視角出發。但經過批判性

思考後，他醒悟到「要和家人一起去散步」。

　　那無非是因為飽食Y意識到自己一直重視的價值觀，換句話說，就是「珍惜與家人的生活」。這無疑是項「大發現」。我們可以看到他徹底蛻變的身影，我將他在這之間的心理轉變，畫成圖表揭示在下方。

　　可想而知，飽食Y持續慢跑並參加了馬拉松大賽，健康檢查也安全過關。而且重新訂做了一套貼身的西裝，連客人也稱讚他「變得神清氣爽、也有朝氣」。不過，有朝氣的真正原因，無非是擁有了充實的家庭生活。

批判性思考與心理轉變

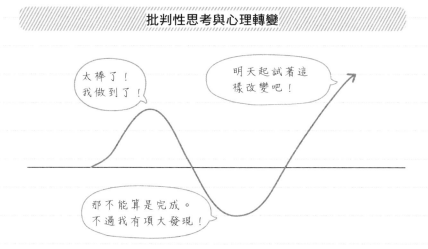

藉由批判性思考，飽食Y醒悟到自己真正的目的，是要讓身體健康、擁有充實的家庭生活，並不只是為了減重而已。

　　第三章曾談到，寫「辦到了日記」有以下三點好處：

①找到完成的事，漸漸產生自信（自我肯定感提升）
②不安消失，變得積極進取（幹勁提升）
③找到接下來要做的事，並養成行動的習慣（行動力提升）

　　依飽食Y的例子看下來，經過一路的分析後，相信各位讀者應該都明白，他是如何達成這三點了吧。

一起看看大家的日記

那麼，一起來欣賞其他人的「辦到了日記」吧！

鎖定目標來書寫

這是正在學英語的M的「辦到了日記」。

範例 選出一件完成的事：英語檢定的複試要比上次說得
順暢些

①事實詳情

這個星期六，我在考場接受英語檢定準二級的第二次
面試。上一次面試沒過，所以這是第二次挑戰。面試採用
回答面試官提問的形式進行，我總算說得比上一次順暢。

②分析原因

幸好前一次失敗後，我就堅持每天早上聽十分鐘英

文。說起來，我學英語原本是希望到國外工作。從小我就夢想著到國外工作，但實際要達成，光學英語是不夠的，因為又不知道會到哪裡工作。

③內心感受

說真的，我很高興英語能力提升。只要說得還不錯，自己也會慢慢產生自信。不過，我沒做任何在國外求職的準備，覺得非常不安。

④下一步行動

繼續練英語聽力吧。接下來想挑戰多益，還要參加研討會，聽聽看在國外工作的人怎麼說。總之，明天就趕緊查查看哪裡有辦研討會。

如何？從學英語連結到自己為出國工作做準備。

像這樣已經有資格考試等目標的情形，鎖定目標來寫日記也是個不錯的方法，因為可以依主題檢視自己成長的軌跡。當目標很遙遠時，即使自己感覺停滯不前，但由於持續寫「辦到了日記」，便會發覺其實自己一直在往前進。

找到更好的工作方法

這是從事翻譯工作的K的「辦到了日記」。

範例 選出一件完成的事：首次在線上完成報稅

①事實詳情

二月二十一日在稅務署完成我不擅長的報稅手續。這是我第一次接受現場職員的指導，學會用網路報稅。

②分析原因

因為有稅務署職員的教導，才能完成線上申報。我的工作是翻譯，以往報稅這種事務性作業通常要占去我三天的時間。但我不一定要自己報稅吧？

③內心感受

報完稅後，我鬆了一口氣。職員對我說：「作為一名翻譯，不是應該傾注全力於自己的本業嗎？」我聽了大吃一驚，莫非可以將報稅業務整個委託出去。

④下一步行動

首先，我試著聯絡認識的稅務士。我想問問看外包的話，能省去多少工夫，也想問問費用的問題。

K從完成線上報稅，發展出「將業務外包」的想法。

藉「辦到了日記」進行內省，有時就會像這樣發覺到「原來我根本可以不做那件事」。一般認為，要讓工作的生產力提高到極致，就是「不做那件工作」，而能醒悟到自己其實可以不做那件事，也算是批判性思考引發的效果。這誠然是項大發現呢！

改變視角就能向上提升

這是在公司負責業務工作的O的「辦到了日記」。

範例 選出一件完成的事：如期完成報告

①事實詳情

這個星期三的下午，我用電話訪查了現有的三家客

142

戶。詢問他們對我們公司的服務滿意度和理由，然後匯整成報告，提交給上司。

②分析原因

我事前即告知調查目的，所以順利獲得他們的回答。之所以要調查現有客戶的滿意度，是為了達成下年度的銷售目標。從這個角度來看，我應該多問客戶一些問題才對。早知道就直截了當地問對方下年度的預算了。

③內心感受

如期交出報告固然開心，但是想到應該問得更深入一些，不免感到有點懊悔。

④下一步行動

明天就向上司提議，再做一次電話調查，補問一些問題吧。

O並沒有因為完成上司要求的報告就滿足，甚至「試圖打探對銷售有益的情報」。

就像這樣，只要在工作上活用辦到了日記，自然就會慢慢知道，該怎麼做才能獲得更好的工作成果。人一旦淹沒在日復一日不斷湧來的工作之中，把工作做完往往便成為目的，而看不見本來的目的。這時，藉由這樣的內省改變視角，就能慢慢找出最適當的行動。

　　職場工作者每天從工作經驗中學習，而能否充分運用那些經驗，全繫於一個人是否擁有「內省的習慣」。

　　我想各位都已了解，雖然是一週一次利用「辦到了日記」寫內省文，而每次只花短短的十至十五分鐘，卻是會帶給人巨大正面影響的「蛻變工具」。

　　請務必解放因成見而封閉的心，引出「自己內在潛藏的可能性」。

　　如此一來，你一定可以改變。

Column 4 一流運動員也會善用 「內省」的效果

　　在運動員當中，有人會運用與「辦到了日記」相同的方法，來設計每天的練習計畫。

　　例如，年紀輕輕即創下無數紀錄的高梨沙羅選手，她在跳台滑雪世界盃女子個人全能項目三度奪冠，並獲頒賽季總冠軍，以及歷來奪冠次數最多等。

　　以前我在電視節目中，看過高梨選手小學時代的訓練日誌，日誌裡包含的元素如下：

‧天氣、氣溫、雪溫、溼度

‧雪板上蠟的種類

‧訓練的結果和檢討

‧教練的建議

‧明天的目標等

　　也就是說，高梨選手從小學時代就開始每天記錄當天

的「事實詳情」，也對練習進行回顧，並從教練那裡獲得回饋，然後設定明天的練習目標。

　　訓練日誌的項目中，雖然使用了「檢討」一詞，但其內容並不是像本書所提到的「面向他人文過飾非的思考（檢討）」，而是「誠實面對自己後真心的反思（內省）」。

　　從這個角度來看，高梨選手所寫的訓練日誌，正是運動員的「辦到了日記」。也許就因為她一直利用這樣的方法訓練，才沒有半途受挫，達成如此重大的目標。

　　由此可見，一流的運動員同樣是日復一日不斷地審視自己，並一點一點地加以改進。

為進一步升級做準備

第5章

📖 以三週為目標，感受自己的變化

持續寫「辦到了日記」，究竟會發生什麼樣的變化？
我在第三章中，曾談到與此有關的習慣如下：

習慣一：找出完成的事並記下來（每天就寢前，三至
　　　　五分鐘）
習慣二：審視完成的事後，寫出內省文（一週一次，
　　　　十至十五分鐘）
習慣三：實踐自己的領悟（此後不斷反覆）

請各位讀者先試著持續寫三個星期吧！有的人也許一
開始花的時間會稍微多一點，但持續寫下去，就會變得愈
來愈容易。最初的三個星期是「養成習慣」的關鍵期。

持續書寫三個星期後，接下來試著堅持三個月吧！
這段期間，你一定能感覺到自己「變化很大」。既然
堅持這麼久了，中途放棄會很可惜。只要自己覺得需要，

就請堅持下去。不妨像年度記事本那樣，每年買一本新的日記，天天好好利用吧！

我的客戶中，不少人在研習後的追蹤輔導（利用IT進行行動支援）期間結束後，依然持續這樣的內省。我問他們：「為什麼會繼續書寫？」他們告訴我：「因為可以抒解壓力，讓心情平靜」。審視完成的事並內省，這種行為已經成為他們日常的一部分了。

已化為日常行動的人，異口同聲表示：「在精神上變得非常強大」。

這樣的事實也顯現在數據上。

某項分析行動支援IT系統數據的調查，得出這樣的結果：持續內省三個月以上的人，目標達成度比未持續內省的人約高出二點五倍。這正表示，當行為上的改善成為一種「習慣」，效果有多麼大。

難以「從經驗學習的人」之補救法

　　正如我前面所談的,「辦到了日記」是以回答提問的形式,在寫下①事實詳情、②分析原因、③內心感受、④下一步行動這四大要素的過程中,從「完成」的經驗中學習,並試圖運用到下一次的思考工具。

　　我分析過總計一萬二千人的行為數據和內省文,發現當中竟然有人不得要領,未能從經驗中學習。這種人陷入的錯誤模式如右表所示,主要有四種。

錯誤模式1: 無細節型

　　雖然內含①至④的要素,但全部寫成條列式,這種情形尤其在「怕麻煩的人」身上經常可見。這樣的內省文並未經過深思細想,所以不會引發新的領悟。

　　接下來,我用正努力學習英語的人的例子來說明。

從經驗學習的能力不足者，所寫出的內省文

①事實詳情　　②分析原因　　③內心感受　　④下一步行動

錯誤模式	說明	性格類型
1.無細節型	沒有「事實詳情」的記述或記述很少，思考得不夠深入	怕麻煩型
2.無分析型	沒有「分析原因」的記述，眼界未擴大	揮空拳型
3.無情緒型	沒有「內心感受」的記述，幹勁未提升	執著型
4.無行動型	沒有「下一步行動」的記述，未引發實際的行動	光說不練型

①事實詳情

背了十個英語單字

②分析原因

因為卯足全力練習

③內心感受

很開心

④下一步行動

下星期繼續加油

像這樣寫得很簡略，因而未能好好從「背了十個英語單字」的寶貴經驗中學習。實際的數據也顯示，這樣的人很難改善自己的行為。造成這種淺層思考的主要原因是：

· 有關事實的細節不夠充分

內省的困難在於「要先回想過去，再寫出來」。人難免會遺忘一些事。可是，不要怕麻煩，必須像第四章介紹的那樣，好好利用4W1H的提問法，試著寫出是在何時（When）何地（Where），對誰（Whom）做了什麼事情（What），又是如何（How）做到的。

只要寫得夠詳細，甚至連其他人也能想像畫面的話，就能順利進入到分析原因了。

錯誤模式2：無分析型

原因分析得不夠徹底的人，有從「事實詳情」一下子跳到思考「下一步行動」的傾向。我猜這種人的腦筋可能動得非常快，馬上就聯想到「既然是這種情況，接下來應

該這麼做」。想必是因為他們經驗豐富且有成功的經驗，才會如此設想吧。

不過，這樣的人多半不擅長「為什麼？」和「究竟怎麼回事？」這種分析式的思考，眼光狹隘，動不動就落入武斷的判斷。

接著我舉某業務員為例來作說明。

①事實詳情

週三下午，我頭一次賣出自己負責的商品。當天我拜訪上週利用名單、以電話預約到的客戶，並洽談生意。

②分析原因

……

③內心感受

起初心裡七上八下的，十分緊張，幸好談得很順利。感覺好極了！

④下一步行動

今後也要卯起來打電話預約客戶，藉此增加洽談生意的機會。

雖然這位業務員有幹勁，而且態度積極，感覺相當不錯，不過他只想到要「卯起來打電話預約客戶」，其實並沒有引發新的領悟。本來藉由分析「這次為什麼能談成生意」，也許能發現嶄新的視角，可是他卻沒有藉此引發任何新領悟。

那麼，什麼是能帶動新發現的思考呢？比方說：

「是不是因為說明用的資料準備得很好，才能談成生意？有沒有其他還能改進的地方？」
「洽談過程中，客人曾表示『考慮過其他公司的產品』。所以，有必要趕緊調查其他競爭企業。」

「增加洽談生意的機會」看起來的確是不錯的行動，但太過簡單了。這位業務員不能算是有從經驗中學習。
像這樣的人多半傾向於唯心論，狀況好的時候精神飽滿；如果狀況一變差，很容易就突然失速，變成「揮空拳」，千萬要小心。

錯誤模式3：無情緒型

也有人不寫自己的情緒，或是並非出於真心。

前幾天在某個研習場合，有位四十多歲的男性告訴我：「我在內省文中寫下『很快樂』，但事實上完全相反，我其實痛苦、難受得不得了。我寫的是謊話……」

不習慣打開心門去碰觸真心（內心感受）的人，會有無法寫出真正想法的傾向。此外，這種現象常見於有堅定自我認知的「執著型的人」。

這裡我要舉以出國工作為目標的學員的例子。

① 事實詳情

星期五傍晚，我出席了人力仲介公司在新宿舉辦的研討會，獲得對出國工作有用的資訊。

② 分析原因

我是因為看到廣告才會去參加研討會。本來我就一直很想出國工作，還為此持續學習英語。事實上，如果真的要出國工作，可能還要顧慮錢的問題。

③ 內心感受

……

④下一步行動

不設法籌錢不行。要不要先找父母商量呢？

像這樣不寫出自己的感受，便無法對明天起的行動產生動機，也就是所謂的提不起「幹勁」。

在這個例子中，只是形成「要不要找父母商量呢？」這種看似滿不在乎的態度。這只會讓人覺得靠不住，也不確定他是否真的會去執行。

假使要寫出內心的感受，應該會這樣寫：「感覺出國工作的夢想就在眼前，覺得好興奮。但其實也有些不安，資金方面尤其是煩惱的根源。」

藉由這樣的書寫，才可以清楚明白「自己的意向」。因為觸碰到情緒，下一步行動就會不一樣。例如變成：

「好！明天就以滿腔熱情向父母說明，想辦法拜託他們提供資金援助，他們一定能感受到我的認真！」

各位感覺得出來，這段話與剛才「不設法籌錢不行。

要不要先找父母商量呢？」兩者的積極度大不相同嗎？

　　人因為情感被觸動才會產生幹勁，所以不能不書寫自己的情緒。藉由描寫出情緒，重新認識自己真正的心情，進而影響到實際的行動。

　　假如實在寫不出來，就照著我在第四章所說的，誠實記錄下「我的情緒沒有半點波動」就行了。這麼書寫也會讓往後探究情緒這件事，變得愈來愈容易。

　　要寫出內心真正的感受和想法，「熟練」是很關鍵的要素。感覺自己寫得很痛苦的讀者們，不妨從第一一八頁提到的七種情緒「喜悅、安心、信任、不安、驚訝、悲觀、憤怒」中作選擇。不必勉強，慢慢來吧！

錯誤模式4：無行動型

　　有人雖然寫出了「④下一步行動」，卻沒有實際執行。想克服光說不練的情況，必須留意此處介紹的寫法。

　　比方說，以下六個例子全是沒有引發任何實際行動的

案例。

「按這氣勢，我想先減個兩公斤。」

「我想就先規劃吧！」

「牢記前一天就要準備。」

「下星期開始要鼓足幹勁、拚命努力。」

「下一次最後階段必須好好努力。」

「明天開始要積極投入。」

「按這氣勢，我想先減個兩公斤」和「我想就先規劃吧！」這兩句話，為什麼沒有被實踐呢？

這兩個例子都是採用「我想……」這種說法。這種說法只表示「願望」，不代表會付諸實行。這時建議使用「我要○○」這種有助於引發實際行動的說法。

· 我想規劃 → 我要規劃

此外，如果能再加上更具體的實踐計畫，會比較容易引發實際的行動。

這時，「何時做」、「做什麼」、「怎麼做」是相當方便好用的三個問題。只要詢問自己這三個問題，就會更加具體明確了。

・我想就先規劃吧 → 明天晚餐時，要和家人一起討論、規劃暑假要去哪裡玩

不妨像這樣，就可以落實為明確的行動。

接著，為什麼「牢記前一天就要準備。」和「下星期開始要鼓足幹勁、拚命努力。」這兩句話沒有被實踐呢？

其實，這兩句話都是「唯心論」，並非行動。「要牢記」、「要努力」、「要注意」、「要研究」之類的說法，都只是用腦袋想，而不是「實際的行動」。別使用這類詞彙，而是寫出具體的行動吧！而且，只要寫簡單的事就行了。

這時，不妨問自己這樣的問題：「所謂『牢記做準備』，具體來說，是要做什麼樣的準備？」或者，「所謂『鼓足幹勁、拚命努力』，具體來說，是要實踐什麼事？」

「具體」的意思就是，只要照著所說的話去執行，任何人都會採取同樣的行動，必須具體至這種程度才行。建議可以參考以下方式，把要做什麼事加以明確化。

　　‧牢記前一天就要準備 → 回家前，用十分鐘確認隔天預定的計畫

　　不妨像這樣寫出具體的行動吧！

　　最後，為什麼「下一次最後階段必須好好努力。」和「明天開始要積極投入。」沒有被實踐呢？

　　這兩句話都使用了表示「程度」的用語。正如我在第三章〈陷入思考停擺的三個陷阱〉中提到的，「好好地」、「更」、「分毫不差地」、「積極地」、「主動地」、「有效率地」等用語，會容易使「要實踐到什麼程度」變得很曖昧。

　　「所謂『最後階段必須好好努力』，意思是做什麼事？又要做到什麼程度？」或者，「所謂『積極投入』，指的是什麼程度，以及怎樣的投入？」

這裡也不妨利用這類提問來釐清，而重點是要寫清楚「要做到什麼程度」。

・明天開始要積極投入 → 明天起要利用早上三十分鐘的通勤時間看報紙

各位有沒有掉入這裡介紹的錯誤模式呢？不妨每個月檢視一次自己所寫的內省文，沒錯，大約一次就好。

📖 讓「理想的自己」逐漸浮現

持續尋找「完成的事」會使我們漸漸明白一件事，也就是看見自己「理想中的樣子」。

每個人都懷有「要是我現在是那樣該有多好」的願望，那就是「理想中的自己」。比如，「好想一直快快樂樂地生活」、「好想在國外幹得有聲有色」、「好想過○○模特兒一般的生活」，諸如此類。這種願望存在於心底深處，我們平常大概不太會在意。

可是，「理想中的樣子」為我們指出了應當致力的方向。日復一日地尋找「完成的事」，能讓我們漸漸看清楚自己致力追求的樣貌。

了解自己的價值觀

你的「價值觀」其實已經顯現在每天記錄的「辦到了日記」中。

價值觀指的是「自己認為重要與珍視的事」。在這一

星期眾多「完成的事」，是你「想要做得更好」的願望之集合。換句話說，那些全是你認為人生中很重要的事，十分具有意義。

我們必須憑直覺從中選出一件事，一星期做一次內省，而「憑直覺選出一件事」比記錄下來的內容，更加意義深遠。怎麼說呢？

因為試圖從那件「完成的事」中學習，這意向本身便已顯現了你的價值觀。

舉例來說，人們的各種願望，如「好想一直快快樂樂地生活」、「好想在國外幹得有聲有色」之類的，這些願望正是你珍視與認為重要的事，換句話說，就是你的「價值觀」所在。

讓我再舉三個例子加以說明。底下這三個人選出的「完成的事」，背後各自隱藏著什麼樣的價值觀呢？ 他們重視的到底是什麼？

・送太太生日禮物，讓她很高興

這個人內在藏著「和家人一起在歡笑中愉快地生活」的心願。

· 平時總是搭電車通勤，今天中途下車走一站的路程

這個人內在藏著「希望健康且精力充沛地活下去」的心願。

· 首次成功將商品賣給顧客

這個人內在藏著「趕快成為獨當一面的業務員，做出一番成績」的心願。

這三個心願都反映出「理想中的自己」。

確認「理想中的自己」非常重要，因為那會是一個人動力的泉源。

而且，從泉源所湧出的氣力源源不絕。不斷地從自己的體內湧出，永不停歇。認識自己內在的這股能量，人就能繼續前進。

順應個性，發揮自己的特色

當我們反覆執行下列行動：

・每天記下完成的事 → 一星期寫一次內省文 → 馬上
　付諸實行

最後究竟能得到什麼？那就是找到自己真正「應當做
的事」。

其實，就是發現「使命」。換句話說，便會因此明白
了自己「為何而生」。

也許聽起來讓人覺得誇張，但明白這件事的人與不明
白的人，對人生的看法及人生的充實度大不相同。

我偶爾會聽到，有人因為不滿意自己被分派的單位而
辭職。比方說像這樣的情況：

「我想去企畫部，卻被派到會計部。這樣做下去也沒

意思，我要辭職。」

　　不過，像這樣拘泥「企畫」或「會計」等職務名稱，日子永遠不會好過。事實上，人生要過得充實，讓「工作方式＝自我風格」，遠比工作的內容更重要。

什麼是「自我風格」？

　　讀者們一定想了解什麼是「自我風格」。打個比方，當我獨立創業之前，在公司擔任的職務是「系統工程師」。

　　當時，我會從國外的工程師那裡獲取最新知識，然後運用在工作上。在與國外工程師合作的過程中，我創造出各種各樣的發明（軟體）。我和他們是在一個技術公開的個人網站上認識，只透過電子郵件交流，從未見過面。基本上，我們就是超越公司組織的框架，吵吵鬧鬧地一起幹活的感覺。

　　可是，如果今天我是個油漆工，又是怎樣的情況呢？

　　就算我是油漆工，一定也會用同樣的方法做事。我會

結交相關工作的朋友，然後一起想些有趣的點子。例如，我會問朋友：「我發明了這麼騷包的粉紅色油漆，你覺得怎樣？」

這時，可能有人回答：「拿去漆別墅的話，應該挺醒目的啊。」

於是演變成：「那就來漆吧！先漆自己家。」大家嘻嘻哈哈地把外牆漆成粉紅色後，最後笑著說：「果然很失敗……。」即使如此，仍然繼續和朋友討論：「下次要改漆黃色嗎？」大概就是這種感覺吧。

我很享受在發明一樣事物、拋出來探詢世人意見的過程中，與夥伴一起吵吵鬧鬧做事的感覺，這就是我的「工作方式」。因此，即使沒有成為系統工程師，而是油漆工或麵包師傅，我一定還是會以相同方式愉快地工作著。

舉個例子，假設有人想成為老師。當然，並不是拚命努力就一定當得成，但如果了解「自己理想中的工作方式」，選擇就會多出許多。

如果是出於「喜歡教導他人」，那麼不當老師也沒關

係。因為從事推銷之類的工作，正是以人的培育為核心，所以知道自己「喜歡教導他人」這點之後，也能從推銷的工作出發，未來想必能成為一個善於帶人的領導者。

　　一開始就拘泥於「職種」，這樣很難在工作上有好的結果。重要的是，要追求「自己的特色」。「有『自己特色』的工作方式＝自我風格」，活得有自我風格才是你應當做的事，也就是「使命」。

找到我們本來就具備的可能性

　　持續寫「辦到了日記」，就會慢慢看清楚行為背後的目的。同時，「自我風格」也會漸漸清晰起來，因為這本日記就是由你的價值觀聚集而成。

　　我想要如何工作？想成為什麼樣的人？怎樣過我的人生？以及，我擁有什麼樣的使命？……

　　其實，那些答案已然存在你的內心。

　　任何人都擁有可能性，不過，只有極少數人會發覺那

可能性。為什麼呢？

　　因為我們被每天龐大的「要做的事」占去心神，撥不出時間思考。結果導致我們停滯不前，還沒來得及思考，一天就過去了。就算再怎麼努力，也只是一直「停」在反覆的行為之中。

　　你需要的不是「向外」尋找新的自己。而是「向內」凝視，從「自以為是的想法」中破繭而出。

　　正面看待每天「完成的事」，思索「下一步應該怎麼做」，並寫在「辦到了日記」上，　藉此找出自己的價值觀，持續淬鍊。不間斷地這麼做之後，你一定會有所改變；一定能脫胎換骨，找到自己的使命。

答案只能從自己心中尋找

　　「辦到了日記」是擺脫自以為是的工具，也可說是，發現連自己都不知道的「全新自己」的工具。

　　我們每一個人其實都已經「夠好」了，只是多數人都沒有意識到。

我在第二章已介紹過要如何找到「完成的事」。每晚就寢前，請務必利用三副眼鏡和鏡片，尋找今天「完成的事」。我提出的眼鏡和鏡片，只是將「各種看事情的角度」整理之後的結果，如果各位要構思一副自己的新眼鏡也行，有何不可？

　　此外，改變自己即是改變「對自己的看法」。正因為如此，自己只能從內在改變起。我在第四章已介紹過有助於此的內省手法，請務必每星期一次，用十分鐘左右的時間審視自己。

　　有些「自我感覺良好的人」試圖向外尋找答案，一個勁兒地參加異業交流會之類的活動，致力建立人脈，但似乎多半都沒有找到答案。

　　與外界的交流固然重要，但只有自己能改變自己，這件事任何人都幫不上忙。自己動腦筋去思考、覺察、改變行動，就是改變自己唯一的方法。而「辦到了日記」正是能幫助你改變自己的工具。

結語

享受人生，接納自己的現狀

我們從小就被訓練，結果老是從負面角度來看事情。調查數據中也清楚顯現這樣的情況，尤其日本年輕人和其他國家的年輕人相比，自我肯定感非常低。

以下圖表是日本內閣府針對包含日本在內的七個國家、十三至二十九歲的年輕人，所做的「日本與各國年輕人的意識調查」。根據這項調查，我們可以得出「與各國相比，正面看待自己的日本人比例很低」的結果。

關於自我肯定感低落的原因，眾說紛紜，我自己則認為，正如在第一章所談的，那是「人們老是只看缺少那部分的人的特性，以及不斷被比較、被評價，導致肯定感降低的結果」。

一旦像這樣解釋，立刻會有人提出「那不就只是顯示日本人的謙虛嗎？」的質疑。不過，還有其他無法用「謙

在日本，正面看待自己的年輕人很少

圖表1　對自己感到滿意

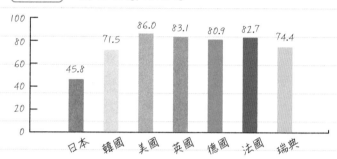

※在「下列敘述與你本人相符程度是多少？」這個問題中，對
　「我對自己感到滿意」的敘述，回答「相符」或「算是相符」
　者的合計。

圖表2　認為自己有優點

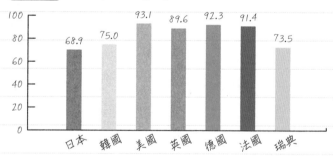

※在「下列敘述與你本人相符程度是多少？」這個問題中，對
　「我覺得自己有優點」的敘述，回答「相符」或「算是相符」
　者的合計。

虛」解釋的數據。

那就是，日本人「心理健康問題」之多。

中央政府機關的調查認為，日本全國將近六成事業單位，存在有心理問題的員工，而員工因為這個緣故休假一個月以上或離職的事業單位，已上升到十％以上，並且有增加的趨勢。

因此，為了健康地活下去，我們必須擺脫「自我否定的惡習」。有必要養成真心肯定自己的習慣，而不是裝腔作勢。如果自我肯定感高的話，就能坦然凝視自己，發覺自己的優勢和長處，進而充分善用。

某位社會心理學家，曾經做過一項研究。

感覺自己被人深愛著、每天過得很充實的人，與無法和人建立良好關係、過得很痛苦的人，只有一項差異，就是相信或不相信「自己值得被愛」。

簡單地說即是，是否認為「自己有價值」。

研究指出，感覺自己有價值的人是「接受不完美、有

缺陷的自己」。意思就是，肯定「自己的現狀」。為此，時時感覺「自己做得很好」就顯得十分重要。

同時，研究還顯示，人一旦處於這樣的心理狀態，便不再指責別人，漸漸學會體諒他人。再再證明，**對自己溫柔的人也會溫柔待人，能夠變得心平氣和。**

我在這本書中曾寫道「你已完成許多事」。每天尋找「完成的事」並記下來，其實就是為了接納「自己的現狀」，並享受人生。

即使擔心自己的未來「會不會順利走下去」或者「能走到哪裡」，在這種內心充滿不安的時刻，就得暫且停下來，並書寫「辦到了日記」，而不只是驚慌大喊「這下糟了！」

然後，一邊念出來，一邊這麼說：

「這樣剛剛好。這就是現在的我。」

笨拙又何妨？只要明天有進步就好，哪怕只前進一小步，這種速度已然足夠。這「細微變化的歷程」將會十分

有趣，因為正是那些觸動真心的時刻，為人生妝點色彩。

　　我之所以決心出版這本書，就是為了創造一個所有人都能互相體諒的社會。也許有朋友會說這想法「太狂妄」或「不切實際」。

　　然而，我們活在世上，無不是為了忠於自己，走過充實的一生，所以需要平時就以自己的蛻變為樂。

　　希望「辦到了日記」對各位讀者多少能有幫助，我懷著這個願望，就此擱筆。

　　　　　　　　　　　　　　　　　　　永谷研一

　　　　　　　　　　　　　　　　　二〇一六年六月十二日

HEART
心|視野　心視野系列 022

辦到了日記

1 天 5 分鐘，列「辦到了清單」，聚焦累積「小成就」為成功扎根
1 日 5 分「よい習慣」を無理なく身につける できたことノート

作　　　者	永谷研一
譯　　　者	鍾嘉惠
總 編 輯	何玉美
責 任 編 輯	曾曉玲
封 面 設 計	萬勝安
內 文 排 版	菩薩蠻數位股份有限公司

出 版 發 行	采實出版集團
行 銷 企 劃	陳佩宜・陳詩婷・陳苑如
業 務 發 行	林詩富・張世明・吳淑華・林踏欣・林坤蓉
會 計 行 政	王雅蕙・李韶婉
法 律 顧 問	第一國際法律事務所 余淑杏律師
電 子 信 箱	acme@acmebook.com.tw
采 實 官 網	http://www. acmebook.com.tw
采實粉絲團	http://www.facebook.com/acmebook

I S B N	978-986-95473-5-2
定　　　價	280 元
初 版 一 刷	2017 年 12 月
劃 撥 帳 號	50148859
劃 撥 戶 名	采實文化事業股份有限公司
	104 台北市中山區建國北路二段 92 號 9 樓
	電話：（02）2518-5198
	傳真：（02）2518-2098

國家圖書館出版品預行編目資料

辦到了日記 / 永谷研一作；鍾嘉惠譯 . -- 初版 . -- 臺北市：采實文化，
2017.12
　　面；　公分
譯自：1 日 5 分「よい習慣」を無理なく身につけるできたことノート
ISBN 978-986-95473-5-2（平裝）

1. 自我實現 2. 生活指導

177.2　　　　　　　　　　　　　　　　　　106019607

1NICHI 5 FUN "YOI SHUUKAN" WO MURINAKU MINITSUKERU DEKITAKOTO
NOTE © KENICHI NAGAYA 2016
Originally published in Japan in 2016 by CROSSMEDIA PUBLISHING CO., LTD,
TOKYO
Chinese translation rights arranged through TOHAN CORPORATION, TOKYO.
And Keio Cultural Enterprise Co., Ltd.

采實出版集團
ACME PUBLISHING GROUP